Cartas a um homem negro que amei

FABIANE ALBUQUERQUE

Cartas a um homem negro que amei

Todos os direitos desta edição reservados à
Malê Editora e Produtora Cultural Ltda.
Direção: Vagner Amaro & Francisco Jorge

Cartas a um homem negro que amei
ISBN: 978-65-87746-39-5
Ilustração de capa: Camila Mamona
Capa: Dandarra de Santana
Edição: Marlon Souza
Diagramação: Maristela Meneguetti
Revisão: Viviane Marques / Isabel Espírito Santo

Texto revisado segundo o novo Acordo Ortográfico da Língua Portuguesa.
Proibida a reprodução, no todo, ou em parte, através de quaisquer meios.

Dados internacionais de catalogação na publicação (CIP)
Vagner Amaro – Bibliotecário - CRB-7/5224

A345c Albuquerque, Fabiane
        Cartas a um homem negro que amei. / Fabiane Albuquerque. Rio de Janeiro: Malê, 2022.
        264p.; 21 cm.
        ISBN: 978-65-87746-39-5

        1. Romance brasileiro I. Título

                                                CDD – B869.3

Índice para catálogo sistemático: Conto: Literatura brasileira. B869.3

2022
Editora Malê
Rua do Acre, 83, sala 202, Centro, Rio de Janeiro, RJ
contato@editoramale.com.br
www.editoramale.com.br

PREFÁCIO

Olha a sua cor!
Memórias e histórias de uma negra mulher feminista não silenciosa

Goiânia, fevereiro de 2021
(verão de um ano anterior que não terminou)

Queridas mulheres,

  Venho, por meio desta missiva, contar-lhes sobre este escrito livresco romanesco em formato de cartas que a autora Fabiane Albuquerque, Fabi ou Bia, com mãos firmes, escreveu para todas nós! Não é fácil colocar esse livro em uma caixinha, não dá para determinar, pode ser que se trate de um registro de memórias de ordem sociológica ou de um romance que denuncia e problematiza questões sociais, racismo, gênero etc. Pode ser tudo isso, pois, me parece que a intenção dessa negra mineira, socióloga, feminista, mãe do Pietro e militante dos direitos humanos, é a de dividir conosco narrativas não cronológicas que elegem recortes de sua história em um constante diálogo crítico sobre o passado que chega até o presente.
  Sabe, Vera, o escritor Jorge Amado, ao escrever a biografia de Castro Alves, narrou parte da história desse escritor, poeta e abolicionista, também, com cartas remetidas para uma amiga; uma amiga sem nome. Fabiane, também, não nomeia seu Destinatário, identifica-o por "um homem negro que amei". No entanto, ao

adentrar na escrita, te digo que a gente não sente falta de saber quem é, se ele é ficção ou não. A gente pode até imaginar, mas isso não é relevante, pois as palavras nos chegam do mesmo jeito, como se fosse para cada uma de nós, sobretudo para as mulheres negras, pobres e silenciadas. Posso afirmar, sem pestanejar, que ao adentrar esse livro não dá para correr, não dá para se esconder, não dá para ignorar e não dá para julgar sob ponto de vista moralista do tipo "se fosse comigo, seria diferente!".

Rozi, ao afirmar que seu silêncio nunca lhe ajudou, Fabiane tomou emprestada a produção da escritora norte-americana, feminista, negra e lésbica Audre Lorde. Com Audre e outras mulheres feministas negras, Fabi acordou seus silêncios e, sem medir tempos e palavras, conversa aqui conosco. Sem obedecer ao silêncio imposto secularmente pela igreja e pelo Estado, que naturalizam distintas violências pregadas no mundo feminino. As cartas não sussurram. Não cochicham. Não guardam segredos. As cartas falam em voz alta, pois Fabiane aprendeu, não sem muita dor, que falar é uma forma de resistência! Que precisa gritar para não se deixar destruir pelo patriarcado!

Celina, um dia, a autora escutou alguém falar: "Eu não sabia disso" ... Logo pensou: "Se tivesse ouvido mais, talvez saberia". Sim, neste livro não temos escolha, ouvimos, escutamos para saber, para reconhecer. Ouvimos e sentimos, não como Fabi, nunca como ela, mas chegamos perto de lugares que ultrapassam os limites da indiferença e de tristezas que não são clichês, são reais. Aqui, o tradicional mantra que tenta nos embalar e nos conformar no silenciar é desligado. E a fala vem para incomodar, problematizar, cutucar, afrontar e desnaturalizar. Não chega para aquietar, suavizar e acalmar, pois não é um livro tosco de autoajuda que conforma a vida em frases de superação, luta individual e heroísmos tóxicos.

As narrativas nos levam para vários lugares, pessoas e paisagens (feias e não feias). Seguimos por chãos diversos do sertão de Minas Gerais, Goiás, Maranhão, São Paulo, saímos das terras brasilis e vamos para a África do Sul, Congo, Itália, França etc. Nos trajetos, é possível ver, pelas frestas das escritas, as pessoas, ainda que não tenham nomes e nem rostos. Vislumbramos e acompanhamos as cartas sobre histórias vivas, meio vivas, queimadas ou enfumaçadas nos seus tempos e espaços. Histórias que passam as fronteiras quando se trata de pobreza e negritude. Dores individuais e coletivas.

Maria, preciso te dizer: parece que durante muito tempo Fabiane, como muitas mulheres pretas, mastigou mal o que engoliu. Agora está devolvendo o que estava entalado, engasgado. Vomitou fragmentos de sua história neste livro, onde narra partes de sua trajetória sem floreios e sem romantização. Digo partes porque nunca conseguiremos contar a história inteira, sem recortes, pois nossas vidas são complexas e cheias de lacunas. A história, individual ou coletiva, não é linear e tampouco harmônica, é contraditória, ambígua, mas isso não é tema para discutir nesta carta que lhe escrevo. Aqui, quero desprender das exigências da academia e tocar nas exigências da vida. Premissas que não podem esperar. A coragem dessa obra socializa tempos e práticas diversas, talvez para dar conta de encarar, sarar, amenizar, enfrentar ou dividir. Possivelmente, o grito não fica preso na garganta. Tudo é "possivelmente", pois as certezas não nos pertencem...

Não quero, Jonia, fazer uma síntese dessa escrita fabulosa! Nenhuma narrativa merece ser simplificada ou explicada. Quero, junto com todas as pessoas que chegarem aqui, tentar ampliar a lente para as histórias individuais, assim como tentar ver quantas Fabis cabem nos brasis. Ou quantos brasis cabem na Fabi. Quantas meninas negras foram violentadas no interior de famílias, igrejas, escolas, trabalhos precoces e outros? Preciso começar pela insana e maléfica propaganda de modelos familiares. A Igreja e o Estado somam-se para desenhar e conformar estereótipos que fabricam modelos únicos e harmônicos de família. Quando as famílias reais fogem desses estereótipos, o senso comum, amparado pela omissão, justifica a violência de forma ensurdecedora, alegando que "sempre foi assim", pois "é cultural" etc. E volta o séquito em coro, reproduzindo que "família é tudo!", que é preciso "superar os problemas" e que não há lugar "mais seguro" que um "lar abençoado"!

Para problematizar o senso comum, para beliscar quem dorme, nada mais sugestivo, Ana, que ler o narrar da infância de uma menina negra. Um pouco assim: tem infâncias e infâncias! Algumas brincam e estudam, outras trabalham e são molestadas. Está aqui, nessas páginas, o inevitável alargamento da faixa etária da autora, que, como muitas crianças negras, sofreu um ligeiro e constante processo de adultização. O corpo franzino exerceu trabalhos que, possivelmente, aliviava o peso de outras mulheres. Na casa grande da história, elas assumiram papel de adultas para servir, sempre servir! Nunca cuidadas, jamais protegidas! Historicamente, meninas negras foram (e ainda são) "pegas para criar", como um animal. As tais adoções ilegais, que se justificam pelo "virar gente" e servem ao trabalho sem direito a qualquer dignidade, mascaram a relação de exploração sob a égide de ser "quase da família".

Sueli, te conto que, com a lupa do presente, Fabi voltou ao

passado e sentiu em seu corpo vivências desumanizadoras. Tomada pela memória, se viu a menina no interior de uma família multirracial ser reduzida por ser mais negra. Viu a mãe penteando-a e tentando acalmar os cabelos rebeldes como o corpo que sustentava a menina solta. O corpo reagia com a mesma raiva imposta, desmanchava penteados e picava lençóis. A menina do interior das Minas Gerais, que no balanço dos cabelos crespos, solitariamente, lia a Coleção Vaga-lume debaixo da mangueira da casa de sua avó. A menina que conviveu com o abandono e a exposição. Que guardou da mãe, no buraco da ausência, a culpa e as migalhas de memórias.

Pagou caro pela negligência de uma sociedade que despreza pobres e negros. Pagou com o corpo enegrecido e desvalorizado. Com a dor da não proteção e cuidado. Pagou com o abuso praticado por homens adultos. Soltou a lembrança de uma bolinha de plástico com doces, seguida do medo, das balas e do silêncio da sobrevivência feminina adulta pisada e conformada. As mulheres e as "coisas" de família. Coisas de homem. Coisas sem importância. Não há como culpá-las, ainda que a raiva nos tome, são anos de dedos na boca indicando segredos de violências assumidas quase que naturalmente. São séculos de mordaças. Muitas mulheres desconstruíram o silêncio, várias vezes essa desconstrução custou mutilações, vidas, mas gritaram. Em suas insanidades tão sanas, gritaram por nós, ainda que os gritos fossem abafados pelos abusos autorizados.

O avô branco, os meninos praticando suas sexualidades como lhes ensinaram, o cunhado, os primos, o tio, o médico, o gerente da fábrica, o padre alemão. Segue o silêncio feminino tão bem construído. A omissão que culpabiliza e mantém firme o poder do patriarcado familiar, eclesiástico e estatal, que age sobre os corpos femininos negros como nos tempos de invasão colonial e escravidão.

A instituição escolar, Sofia, é um dos primeiros espaços onde crianças negras aprendem a se defender fora da casa. Outro lugar que era para ser protetivo, mas que é onde os ecos da discriminação permanecem reproduzindo violências. Há curtos tempos de intervalos com sopros de bons ventos provocados pelas professoras negras que falavam de liberdade, respeito, justiça e não a invisibilizava. Olhavam-na diferente, pois estavam, como disse Fabiane, anos-luz à frente; retomando e confrontando um atraso de mais de quinhentos anos com a firmeza necessária para enfrentar a luta pela consciência racial e igualdade de gênero. Ocupando maior espaço, outras pessoas se firmaram na escola sob artifícios higienistas que ressaltam a desigualdade e a prática racista da limpeza tão bem exercida no mundo escolar. Já na universidade pública, além do direito ao conhecimento científico e crítico, de teorias que a fizeram compreender seu lugar de fala e sua classe social, sua origem de escola pública, nas vistas de algumas pessoas que estudaram para serem melhores, mantinha seu lugar de "desce daí!" que aqui não é seu lugar!

Falar sobre a igreja para mim é um tanto conflituoso, Ângela, pois sempre acho que, de forma maniqueísta, só consigo ver o que há de pior, seja de qual religião for. Sabemos que tem igrejas comprometidas com o povo e com a vida, ainda que sejam minoria. Ao ler as passagens de Fabiane pelos conventos, no Brasil ou em outros países, a Igreja entra na lista de lugares que, ao contrário de viver o amor pregado, exerce o papel forjador. As autoridades brancas, estrangeiras, sob outros formatos, em nome de uma suposta unificação, educam pelo poder que nos remete à invasão/colonização que já conhecemos. A vigilância praticada se intensifica sobre os corpos femininos, que, vezes não por opção, mas por falta dela, seguem a vida religiosa. São tempos de escutas sem falas e de ecos decisivos de vidas decididas pela hierarquia, algo tão característico de sistemas que confinam e regulam os corpos.

A Igreja, possível saída para uma jovem negra como Fabiane, não ajudou a protegê-la, assim como não protegeu, nem protege, o mundo feminino. Os relatos são desabadores, como as mulheres religiosas na África e as hierarquias estabelecidas de violência que trancam liberdades e as expõem de forma devassadora. Opressão, controle e silêncio, a tríade que mantém a santa madre. O dolorido pacto de silêncio, seja das religiosas, religiosos ou fiéis, sustenta a igreja católica no topo da injustiça. Não precisamos voltar na História para o período da Inquisição, basta adentrar no torturante mundo da pedofilia, para não trazer outras práticas que, nem de longe, se constituem de amor e fraternidade.

Passando as vistas nas cartas que Fabi nos remete, Lurdes, fiquei pensando no quanto de mulheres adoeceram, e adoecem, de silenciamento. Um mal que a Ciência não chega muito perto. Sabemos que até as mulheres opressoras resultam do poder do patriarcado, pois precisam dar continuidade à sujeição recebida. Daí a importância de discutir gênero com todas as faixas etárias, sobretudo com meninos e meninas nos espaços escolares e não escolares.

Alice, é bom te dizer que as linhas não lineares da história de Fabiane não se limitaram às dores, angústias, solidão e lacunas. Essa moça sempre foi atrevida, ousada, abelhuda, insolente e desobediente! Com ela não tem desistência e tampouco resiliência! Sempre teve, e mantém, um tanto de sonhos, desejos e projetos concretos de viver o conhecimento com todo o direito que possui. De viver o direito à arte, aos livros, à formação acadêmica, de ter a sensibilidade de praticar e dividir a escrita, de ir e vir pelo mundo, de ironizar e rir das formas que acham que lhe servem, de gritar o libertador "não!", de escolher suas cores, palavras e gestos. Fabi carrega em sua trajetória a marca da curiosidade, da observação, da investigação científica e humana. Ela se veste, estrategicamente, de enfrentamento, pois não há trégua para as hostilidades reservadas às mulheres negras.

Para mim, Sandra, os aprendizados se efetivaram e não me autorizo a naturalizar as dores como muito se divulga nas linhas da autoajuda: "foi preciso passar por tudo isso para se fortalecer". Não! Ninguém precisa passar pela dor para amadurecer, a gente cresce, segura e confiante, com a garantia dos direitos ao cuidado, respeito, proteção, afeto e amor. Não o amor piegas propagado de forma comercial, mas sim o amor que necessitamos para todas nós resistirmos e enfrentarmos os ódios que surgem do Estado, da Igreja e da família.

Enfim, em um segundo ano no Brasil, um tempo de medo, de um desgoverno miliciano que nos impõe insegurança por destratar as ciências e os direitos humanos, apresento para vocês um sopro forte de recusa à submissão, um corpo que reage e se defende, que se opõe à omissão, ainda que seja difícil. Aqui está, meninas, moças, mulheres, senhoras, a escrita de uma preta com "nariz de chapoca" e "cabelo ruim", que não tinha traços delicados para ser dama de honra e viveu o escárnio do racismo que só quem é mulher negra conhece.

Ao falar por um tanto de mulheres negras, e não negras, Fabiane exerce o poder humano de nos ajudar a recusar a herança feminina do silêncio das gerações que nos antecederam. Nessa escrita sem anestesia, Fabi "fala" sem controle. Sem medo. Com coragem. Um movimento difícil para quem foi constituída, como muitas, na condição de calar e fortalecer o poder dos tiranos. Ela cortou os lençóis que a amordaçavam e picou-os com a tesoura!

Despeço-me, nesta carta, com a certeza de que este livro romanceado vai voar e passar por muitas mãos! Vai emocionar, revoltar, tocar, fazer chorar, rir e, também, é claro, chocar muitas gentes! Quando a obra sai das mãos de quem a escreveu, pertence a quem o lê, e as subjetividades brotam como os eucaliptos plantados pela avó negra que, tristemente, não se reconhecia na neta negra.

Por fim, tomo a feia fala de um morador racista do condomínio em que a autora morou, em São Paulo. Um "cidadão do bem", que, inconformado e revoltado com a negra casada com um homem branco (europeu), esbravejou com ódio: "Olha a sua cor!". Fabiane há tempos se olha, se reconhece e não desce! O tempo de calar não se faz mais! Não há mais volta! Por isso seu nome começa com Fa... de FALAR!

No aguardo de mais falas, abraço, em nome de Fabi, as mulheres que não se calam e que ajudam outras a soltarem seus gritos abafados!

Diane Valdez
Foi professora da freira Fabiane no magistério em uma escola pública de Goiânia. Foi e é feminista todos os dias.

Lyon, 14 de agosto de 2019.

Olho pela janela do meu apartamento nesse final de tarde quente de Lyon, é o ano de 2019. Os tetos marrons, pessoas nas sacadas, faz muito calor. Estou prestes a completar quarenta anos. Quase metade de uma vida. Em mim, muitas lembranças e saudades de tempos, espaços e cheiros, sobretudo sensações que nunca mais provei e coisas que não sei dar nomes. Por outro lado, aquela sensação de uma vida vivida com gosto de sangue. Uma vez você me disse, assim que nos conhecemos, que "há coisas que a gente não diz nem pra gente mesmo". O "não dito" só vim entender anos mais tarde.

Com você vivi momentos que me fortaleceram para a vida inteira e os quais guardo no lugar mais sagrado em mim, mas chegou a hora de lhe dizer muitas coisas, de colocar em palavras, de fazer existir tudo o que calei: o meu não dito. O filósofo Wittgenstein tem uma célebre frase/proposição que diz: "Daquilo que não se pode falar é melhor silenciar", mas, aprendi com mulheres feministas, negras sobretudo que, daquilo que não se pode falar é melhor gritar. O silêncio nunca me protegeu, legado de Audre Lorde.

Tem coisas que não se repetem aos trinta, tampouco aos quarenta anos, como aquele frio na barriga, as mãos trêmulas, aquela saudade que dói tanto que até sufoca. Já senti os efeitos físicos da paixão e já experimentei o amor. Mas, nem todo amor termina junto, nem todo amor tem final feliz ou é possível, e, mesmo de ser consciente disso, gosto de olhar para os mais de vinte anos que ficaram para trás e pensar que amei e, de certa forma, fui amada. Antes que um dia as memórias fujam de mim e me deixem sozinha com um corpo vazio, decidi escrevê-las.

Escrevo-lhe porque você é um homem negro que amei. Não dou a mesma importância a outras pessoas que também amei, pois foi você quem compartilhou comigo momentos únicos: sofremos pelo nosso pertencimento a uma classe e a uma raça, embora o gênero e talvez valores tenham nos distanciado.

Você é parte da minha história individual e daquela social. Talvez os nossos antepassados tenham até chegado juntos da África nas terras de Minas Gerais, amontoados no mesmo navio e, nós dois estamos vivos, cada um à sua maneira, lutando para não sermos aniquilados. Eu? Ainda luto para não ser aniquilada pelo patriarcado. Com isso não estou dizendo que minha vida fora mais difícil que a sua, pois não podemos comparar nossas trajetórias, só quero que entenda a minha por aquilo que vou narrar e a receba como um presente, mesmo não sabendo o que você fará com ela.

Uma coisa aprendi com dor e melancolia: paixão é coisa difícil; amor, então, nem se fala! Tê-lo encontrado em tão tenra idade fez-me acreditar que se repetiria e que havia sido somente o início, mas não foi assim. Aconteceu lá atrás e ficou por lá. Falo de amor como uma conexão profunda que envolve atração física, química, beijo que se encaixa, abraço dos mais aconchegantes e, sobretudo, de uma conexão que não tive com mais ninguém. Como dizia Lima Barreto, ao observar os pacientes do hospital psiquiátrico onde se internou, existem pessoas da mesma raça mental que a nossa. Você é da minha raça mental. As piadas eram mais engraçadas com você, as entrelinhas também. Guardo tantos detalhes que, às vezes, acho que vou transbordar. Com você vivi a versão de mim da qual mais gostei e, com os anos, fui sentindo tanta falta dela e uma estranha nostalgia da versão final que poderia ter sido. Essa sensação, porém, é passageira, pois a realidade devolve-me à razão e logo penso que só é assim porque não foi. Talvez eu tivesse tido uma vida menos interessante e mais infeliz ao seu lado e, a essa altura também, não teria gostado da versão de mim. Sei que isso é contraditório, mas não tê-lo tido deu-me uma vida infinitamente intensa, sofrida, sim, mas inusitada e extraordinariamente profunda. Amo a mulher que sou hoje, as rugas e as cicatrizes no corpo e na alma, mas admiro e emociono-me também com aquela parte de mim que um dia lhe deixou num terminal rodoviário, que esperou, que prometeu voltar e que na volta você não estava lá para me receber.

Há pouco tempo vi uma foto sua na internet, em um evento da universidade, e, para a minha surpresa, nenhum cabelo branco, nenhuma ruga, embora você já tenha chegado aos cinquenta. Olhar maduro, de quem conquistou tudo o que queria, ou talvez nem tudo, mas parece satisfeito! Já eu!? Tenho marcas por todos os lados, marcas da maternidade, do envelhecimento, uma ruga bem no meio da testa de tanto pensar e franzir o rosto e os primeiros cabelos brancos. Você, nada! Pensei: "Como teria sido envelhecer com ele?".

Fantasio porque não experimentei uma vida ao seu lado. Naquela época tudo teria sido mais duro, material e emocionalmente. Não tínhamos estrutura nenhuma para que eu me desenvolvesse enquanto pessoa, mulher, de forma saudável. Não vou agora romantizar o sofrimento e a privação em nome do amor. Só amor não é suficiente. Não tínhamos sequer um canto, um ninho para a primeira relação sexual e eu quis muito que tivesse sido com você, por isso te liguei para contar quando aconteceu. Não tínhamos dinheiro para viver a leveza da juventude em cinemas, barzinhos e shows, nem desfrutar da cidade e nos incluirmos nela. Estávamos à margem, e eu, à margem da margem.

Quando ouço Clube da Esquina penso em nós e no que poderíamos ter feito juntos pelas ruas de Belo Horizonte. Por muitos anos, quando ia a shows, livrarias, bibliotecas, pensava na gente, no quanto queria ter compartilhado tudo isso com você. Na época em que lhe vi pela última vez você já estava casado e com filho; eu, hospedada no centro de Belo Horizonte. Já faz quinze anos esse encontro. Na impossibilidade de viver certas coisas com você, vivi sozinha tudo o que eu gostaria que tivéssemos feito juntos. Aluguei um lugar no centro da cidade e curti todas as possibilidades: fui às mostras, andei pelas ruas da cidade, vivi a praça da Liberdade, subi no coreto e recitei poesia para mim mesma e para você. Fui até Ouro Preto e desci aquelas ruazinhas com pedrinhas construídas por nossos antepassados. Olhava para o chão e via a gente ali, descendo a ladeira, você dizendo algo inteligente e eu contradizendo, seu silêncio ao admirar-me, seu brilho no olhar e as covinhas nas bochechas quando sorria. Será que ainda as tem? Será que ainda sorri?

Naquele dia, do nosso último encontro, eu estava na cidade para fazer uma terapia denominada abordagem direta ao inconsciente, uma espécie de hipnose para se chegar a lugares onde talvez a mente, sabiamente, não quer ir, pois tinha tanta coisa que nem eu mesma admitia sentir. Você somente comentou que a terapia deveria ser cara e eu confirmei com a cabeça que sim. Mas não entramos em detalhes, era o convento que estava pagando e você demonstrou estar mais interessado no preço da terapia do que nas questões que me fizeram buscá-la. Perdeu, naquele dia, uma grande oportunidade de conhecer-me melhor. Se eu tivesse percebido interesse de sua parte, teria contado muita coisa naquele momento. Mas você estava ocupado demais com as suas demandas.

Lyon, 15 de agosto de 2019.

Quando o vi pela primeira vez era um domingo do ano 1997, eu estava num encontro vocacional no seminário de padres me preparando para entrar para o convento. Na contramaré, como primeiro desencontro, você tinha saído meses antes do seminário vindo do Rio de Janeiro e, do lado de fora do portão, andava inquieto de um lado ao outro. Parecia que esperava por alguém. Conversamos um pouco e você falou do seu trabalho na pastoral com pessoas em situação de rua e contei-lhe que estava entrando para a vida religiosa, pois queria ser freira. "Não faz isso, não!", foi o que você me disse. Ri. Você alertou-me de que havia deixado o seminário porque a coisa era muito ruim e que caso um dia eu estivesse prestes a ser mandada embora, que pedisse para sair também, pois seria humilhante demais ser mandada embora. Sorri novamente. Acho que não havia entendido o que você queria dizer, mas eu costumava sorrir só para parecer simpática. Hoje já não faço mais isso e acho que você se assustou com o "tom" das minhas palavras no decorrer dos anos. Não agrado mais aos homens e nem sou mais dócil e simpática somente para não os constranger. Antes eles do que eu. Sinto-me mais confortável assim. Homens não são educados para serem confrontados, para lançarem uma palavra e serem rebatidos, preferem os nossos sorrisos, mesmo aqueles de desconforto.

Não o vi mais por alguns meses desde o primeiro encontro, até que um dia, no parque Municipal de Belo Horizonte, você apareceu caminhando sozinho com um papel na mão. Era algo sobre um evento cultural, não me lembro bem. Aproximei-me e lhe perguntei se lembrava de mim e recebi um "não" como resposta. Refresquei-lhe a memória e contei sobre a minha entrada iminente para o convento. Foi quando você pediu para lhe convidá-lo para a festa de despedida e deixou o número de telefone da casa da sua irmã. Nesse dia também revelou que estava dando aulas de Filosofia numa escola pública. Perguntei se havia estudado Filosofia e você disse que sim, no seminário, mas saiu antes de terminar e estava finalizando. Foi naquele momento que me apaixonei, não por você, mas pela minha projeção na Filosofia, pela minha sede de conhecimento e pela imagem que fiz de você naquele exato momento. Talvez pela minha paixão pelos livros, minha busca por um lugar para estudar e por possibilidades de acesso aos estudos. Estava numa fase em que eu devorava livros, livros e pessoas-livro. Eu queria ser professora desde pequena.

Li muito durante um período da minha infância. Sentava-me debaixo da mangueira na frente da casa da minha avó, no interior de Minas, e lia os livros da minha irmã mais velha. Li a coleção Vagalume quase toda. *Sozinha no mundo* foi o que mais me marcou, e *Zezinho, o dono da porquinha preta* encheu-me de compaixão pelo personagem que queria proteger sua porca de estimação de um pai patrão. Identifiquei-me com os dois, pois, sempre me senti meio sozinha nesse mundão de minhas deusas, lutando para sobreviver e, quando me distraía, vivia. Sentia-me um peixe fora d'água dentro da minha própria família, sem vínculos, como também expressou Du Bois, "um pária na minha própria terra". Anos depois entendi que sofria da síndrome do abandono, descrita por Frantz Fanon. Não estabeleci vínculos com minha mãe e sempre tentei buscar lembranças que me fizessem entender isso. Compreendi que o elemento racial contou muito, além daquele de gênero. Sou a única negra dos filhos que ela, mulher branca, teve. Digo negra por um conjunto de coisas, pois minha irmã mais velha tem a minha cor, mas os cabelos lisos, o nariz fino. Nasci negra e, para uma família multirracial que incorporou o racismo, com um "valor a menos". Na infância essa desvalorização foi causa do abandono, da violência e da minha solidão. Não tenho lembranças com minha mãe, mulher branca que eu achava linda, uma deusa, abraçando-me, sentindo-me amada, acolhida e protegida. O que me lembro é de ter passado mais tempo com a minha avó do que com ela, de ser preterida por ter uma personalidade rebelde e por ser apenas um ano mais velha que meu irmão, que nasceu loiro. Lembro-me dos meus cabelos crespos e da raiva de minha mãe ao penteá-los e eu, na minha necessidade de afirmação e de existir, desmanchava tudo o que ela levava um tempão para fazer, o que aumentava ainda mais sua raiva, sua angústia por não saber lidar comigo, uma filha tão diferente dela. Uma vez, para puni-la por não me amar como aos outros, cortei os lençóis da cama com uma tesoura. E quanto mais eu buscava amor mais ela reagia com raiva e distanciamento. Quando ela morreu eu tinha sete anos, senti-me culpada, passando a infância fantasiando que um dia ela voltaria e tudo seria diferente, inclusive meu cabelo e minha cor de pele, e eu a abraçaria forte e lhe pediria perdão.

    Voltei para casa com seu número de telefone e a filosofia na cabeça. Uma semana depois liguei e deixei um recado para você me encontrar na paróquia, num sábado à tarde. Quando saí do encontro você estava lá, sentado no chão do pátio me esperando. Fiquei surpresa e encantada – acho que mais encantada do que surpresa – e fomos para um bar tomar vinho. Eu era uma menina e você nove anos mais velho que eu. Descobrimos uma paixão em comum: vinho. Agora tenho gostos mais refinados, não beberia o mesmo vinho com você, acho que você também não. Naquele dia paguei a conta. Sim, disso me lembro, pois você não tinha um tostão no bolso. Aliás, é uma das coisas que me lembro de você. No tempo em que estivemos juntos você nunca pôde me pagar uma bebida, um cinema ou dar um presente. Eu até gostava de poder pagar a conta, era uma das primeiras tentativas de romper com os padrões de mulher dependente. No entanto, hoje não faria mais isso. Saímos do barzinho abraçados e a conversa era muito boa. Você me pediu para não entrar para o convento. Ri novamente e desde aquele dia nos víamos com frequência todos os sábados. Quando não era num barzinho para um copo de vinho era no ponto de ônibus, na rua, na pedreira ou na casa da Rosa. As conversas profundas me atraíam, embora você tenha falado muito mais sobre você nesse período do que eu sobre mim. Ocupei-me muito mais da sua crise existencial depois da sua saída do seminário do que você da minha angústia e ansiedade de partir para outro estado, sozinha e tão nova. Rolou o primeiro beijo e dentro do seu abraço era o meu lugar preferido.

Você estava numa grande busca, depois de três anos de seminário. Voltou para a casa da sua família, no meio da favela e com tanta gente dentro, deixando para trás o quarto confortável, com escrivaninha, biblioteca, boa alimentação, filmes, conversas e discursos intelectuais, um ambiente de incentivo e motivação que lhe abriu mundos, embora eu sentisse em você uma pitada de ingratidão pela Igreja, que me incomodou na época. Percebi-o deslocado e sem chão. Em uma conversa você disse com emoção que havia se deitado no chão da sua casa quente olhando para cima e se perguntando o que seria da sua vida e do seu futuro dali para frente, depois de alguns anos como seminarista. Mesmo sem rumo, tentando se afirmar, eu o via como tudo aquilo que buscava para mim. Não é fácil ser um intelectual negro numa favela, com desejo e vontade de estudar, com sede de cultura, numa época em que quotas raciais sequer existiam. Não nos era permitido desejar outro mundo para além da subalternidade. Não é fácil ter sede de conhecimento e de cultura quando falta até mesmo o pão de cada dia e quando todas as pessoas à sua volta estão lutando para sobreviver, morrendo pelo caminho, de tiro ou de violência, por falta de assistência sanitária ou quebradas pela realidade.

Lyon, 20 de agosto de 2019.

Foi você quem me indicou os filmes "A letra escarlate", "Em nome de Deus" e o livro *Olga*. Também vimos juntos "O paciente inglês", no seminário, durante os dias em que os padres e os seminaristas viajaram e você ficou tomando conta da casa. Gostei mais de estar com você do que do filme, confesso. Com você abriam-se vários mundos dentro de mim e a gente se entendia, a gente sabia o quanto a Educação, para pessoas como nós, pobres e negras, era coisa para se agarrar com unhas e dentes. Mas, vi também que não daria conta de ficar de pé ao seu lado, pois você também não estava de pé e eu precisava de um lugar e de uma única chance para crescer num ambiente saudável e estável, que me desse segurança naquela fase da vida e, a partir disso tomar meu rumo. Lembra da frase de Arquimedes, "Dê-me um ponto de apoio e levantarei o mundo"? Era o que eu precisava. De um único ponto de apoio para dar conta de ficar de pé, sozinha. Nesse período, você disse que eu estava entrando para o convento por segurança, mas quem pode dizer que uma menina de dezesseis anos está errada em buscar segurança e que o amor, algo tão abstrato, deveria ter valor maior? O amor é uma ideia para quem está tentando sobreviver e não partir ao meio devido ao peso da vida e à falta de suporte. Eu havia achado esse porto seguro de que precisava ao mesmo tempo em que nos encontramos. Foi injusto demais! Mas não poderia me convencer, naquele momento de que o amor venceria tudo, a realidade teria nos vencido e, a realidade naquele momento era dura por demais.

Depois de ter saído da casa da minha tia e ido morar com minha irmã mais velha, já casada, em um bairro de periferia, estava trabalhando numa fábrica de colchões o dia todo e indo para a escola à noite para juntar dinheiro a fim de levar comigo para o convento. O trabalho na fábrica era duro: um grande galpão quente onde colchões eram feitos. Trabalhava com outra moça, bem mais velha, e tínhamos a tarefa de colocar os forros nos colchões, cada uma de um lado de uma grande mesa de madeira. Colocávamos grampos nas quatro pontas enquanto os rapazes carregavam para serem costurados. Éramos na maioria menores de idade, sem carteira assinada, num ambiente de extrema ignorância – "corpos-máquinas" – e já via meu destino projetado nos corpos dos colegas da minha idade, alguns tão novos e já curvados pelo peso do trabalho e da vida, rostos envelhecidos e embrutecidos pela pobreza, ignorância e opressões das mais diversas.

Certa vez, durante um momento de descontração naquele grande galpão, eu disse a palavra "axila" e todos riram de mim, apelidando-me de "intelectual" num tom de maldade e ironia. Na hora do almoço, eu tinha sempre um livro comigo, evitando, assim, as conversas no ambiente e o assédio dos patrões. As meninas costumavam tomar banho no horário de almoço para amenizar o calor, pois o telhado de zinco dava a sensação de trabalhar dentro de um grande forno. Numa das vezes em que o grupo entrou no banheiro, o gerente e o dono da fábrica entraram atrás para vê-las nuas e saíram rindo, dizendo que se tratava de uma brincadeira. Fui salva desse momento pelos livros que carregava comigo. Quando comecei a sentir o assédio do gerente minha única preocupação era sair dali. Eu trabalhava sabendo que sairia, mas tantos outros passaram a adolescência e a juventude ali dentro até se tornarem adultos. Eram corpos marcados desde muito cedo: os rapazes embrutecidos, algumas meninas de dezessete anos já eram mães e haviam deixado a escola muito cedo, eram todos de famílias destruídas, muitos e muitas sequer conheceram o pai ou cresceram com a avó ou outros parentes, assim como eu.

Aguentei alguns meses porque eu precisava comprar meu enxoval para levar para o convento como as freiras sugeriram: toalha, lençol, objetos pessoais etc. Era somente eu naquele momento, pois não tinha com quem contar, além de pagar minha própria passagem de Minas até Goiás. Essa foi uma fase da minha vida em que eu deveria estar pensando somente em qual roupa vestir para a festa na casa da amiga ou no trabalho escolar em grupo que deveria entregar. Mas, não! Eu carregava o peso do mundo nas costas e aquilo era pesado demais quando lhe encontrei. Você também carregava o seu fardo, somando teríamos mais pesos do que leveza e alegria.

Você estava comigo, vendo preparar-me para partir e nos encontrávamos entre uma reunião e outra da Igreja. Você convidou-me para ir à sua casa depois de algumas semanas e, ao conhecer sua família, achei-o tão mais privilegiado que eu. Você tinha uma casa, um lugar para voltar sempre que as coisas dessem errado, tinha seus pais e muitos irmãos, tinha afeto. E eu, completamente desenraizada, andando de lá e de cá, tentando ficar de pé.

Mudei-me para a casa da Rosa, no bairro onde fica o seminário e onde nos conhecemos, saindo da casa da minha irmã alguns meses antes de partir para Goiânia. Lá, você perguntou-me o porquê de estar ali e não com a minha família. Eu já havia pedido demissão da fábrica, comprado minhas coisas, a passagem, e estava esperando o dia da viagem, realizando trabalhos junto ao grupo de jovens da paróquia. Não lhe respondi porque você antecipava sempre as respostas e ainda é assim. Você respondeu à sua própria pergunta dizendo: "Acho que eles não se importam, né?". Calei-me. Acho que sobre isso eu refleti anos depois: você construiu a minha história na sua cabeça sem que eu jamais a tivesse contado. Continuou por anos tentando me convencer de que sua versão de mim era a verdadeira. Quando voltei de férias do convento pela primeira vez e nos encontramos, você indagou-me de novo por que eu ficava na casa de uma amiga e não na casa da minha família. Respondi-lhe que era porque eu não me sentia em casa. Surpreso, você comentou: "Eu não sabia disso", depois se calou. Se você tivesse ouvido mais, talvez saberia.

Lyon, 4 de setembro de 2019.

Como você não me conhece e sempre interpretou minha vida como bem entendeu e ainda quis impor-me essa sua visão sobre mim, preciso dizer e continuar fazendo isso para não me deixar engolir pelas projeções dos outros, inclusive as suas. Talvez isso não mude seu modo áspero, mas mesmo assim preciso escrever. Começarei pela minha origem, a mais longa árvore genealógica que consegui rastrear: meus avós.

Minha avó, mulher negra, foi dada por seu pai aos nove anos de idade a uma família de fazendeiros no sertão de Minas depois que sua mãe faleceu. Como ele não tinha condições de criar os filhos, deu todos eles a diferentes famílias abastadas da região. Não sei quantos eram, sei que tinha a Teresa, o Mundinho, o Levi e o José, esse último sumiu, além de outros que não lembro o nome. Dois deles tiveram mais sorte que os demais, assim dizia minha avó, pois foram cuidados de fato como filhos das famílias.

Conheci o Mundinho, homem bem de vida, elegante e bem-vestido que a visitava de vez em quando, pois minha avó lavava roupas para a sua esposa. Como seu corpo era diferente do dela: reto, olhar firme e para frente, enquanto o da minha avó, pendia para baixo. A diferença, como ela mesma dizia, era que ele havia sido criado como filho, já ela, como serva. Como o afeto e o cuidado posicionam os indivíduos de forma diferente na vida! Partir como gente, como pessoa, com direitos e partir como serva são dois lugares muito diferentes e os resultados eu pude ver na vida da minha avó e na do seu irmão. Por isso, desde cedo rejeito a ideia de meritocracia. O lugar de largada nunca é o mesmo, imagine aquele de chegada.

Minha avó, na fazenda, foi muito maltratada e humilhada. Foi serva até se casar e jamais viu um vintém de salário. E se tem algo que marca gerações é a falta de valor e a desumanização daqueles que nos precederam, pois é preciso gerações para aprender a se posicionar na vida de forma digna. Meus pais não conseguiram, aliás, eles foram a primeira geração que soube o que era carteira assinada e direitos trabalhistas. Minha mãe nem isso, pois fora educada para buscar um bom casamento e viver à sombra de um homem, o que também não aconteceu, pois engravidara antes, para a sua desgraça e para a nossa, seus filhos, que tivemos que conviver com uma imagem dela de "mulher fácil", que havia perdido o valor e o "selo" de qualidade.

A escravidão continuou para muitos dos nossos mesmo depois do fim dela na lei. Os trabalhos que mais representam a extensão da escravização são aqueles nas fazendas e nas cozinhas das casas das famílias abastadas. Minha família ocupou os dois, por séculos. Nunca soube os detalhes da infância de minha avó no sertão mineiro, longe de tudo e sem poder contar com ninguém, totalmente sucumbida. Sei somente que ela tinha as unhas todas deformadas, em algum momento de sua infância, talvez por conta do fogão à lenha ou acendendo fogo, suas unhas não cresceram como deveriam ou algum fungo as tenham consumido. Ela contava que quando seu pai aparecia a cavalo para ir visitá-la, toda saudosa, morria de vontade de correr até ele para abraçá-lo, mas era impedida de parar os serviços da casa para estar com ele. Ela costumava chamar a senhora de "madrinha Luísa" e do homem, o fazendeiro, não sei sequer o nome. Um dia, depois da visita, seu pai desapareceu e foi encontrado morto pelo caminho, depois de sofrer um infarto e cair do cavalo. Minha avó era órfã de vez, ninguém por ela, ninguém com ela, à mercê da exploração de uma família que a cresceu para servir. Casou-se com um homem que de história também trazia seu peso e ela, chorosa, lamentou-se a vida inteira por não ter se casado com um sapateiro simples e gentil de quem gostava e que retribuía o afeto, mas a família com quem morava a impediu. Depois do casamento continuou a ser escrava do marido, um homem extremamente perverso.

Meu avô, homem branco que foi enganado pelos irmãos e saiu sem herança, dizem que tinha os olhos azuis, mas esse detalhe apaguei da memória e depois de muitos anos dei-me conta de que nunca o olhei nos olhos. Ele era filho "ilegítimo" de um fazendeiro rico e já casado que engravidara a serva de sua fazenda, minha bisavó. Suponho que não fora consensual a relação, pois naqueles fins de mundo, o homem branco e de posses era dono de tudo, até dos corpos das suas escravas. Ao saber do filho, a esposa do fazendeiro quis matá-la juntamente com a criança, enviando um trabalhador da fazenda que, primeiramente, avisou ao seu patrão das intenções da esposa. Este, por sua vez, pegou a criança, levou-a para a sua casa e obrigou a esposa, a mulher que queria matá-la, a criar o bebê. A casa da minha bisavó foi incendiada e dela nunca soubemos o paradeiro, sequer um nome. Entendi mais tarde o porquê de nos porões da minha memória ter sempre uma casa que queima.

Na família, ouvi falar que a mãe do meu avô fugiu, deixando-o para trás. Obrigada a criá-lo, a madrasta cometeu as piores crueldades contra ele. Foi de ódio que meu avô foi regado e se constituiu. Esse mesmo ódio exalou durante toda a sua vida, para a desgraça da minha avó, de seus filhos e netos.

Os dois não tinham família, vínculos, e não foram tratados com respeito e dignidade, isto é, como pessoas. Ela, apesar de tudo, ainda sabia amar e desenvolveu empatia e senso de justiça. Ele? Nunca. Com o seu olhar de homem branco e patriarca, a encarava de cima, a dominava e violentava física e psiquicamente. E ela, com o olhar para baixo, obedecia, afinal, era apenas isso que aprendera desde que nascera e nunca soubera outra forma de viver.

Certa vez, ele chegou em casa e ela não estava. Sentindo-se desobedecido, pegou o facão e cortou todo o seu cabelo. Meu tio também contou que em dada ocasião a encontrou desmaiada na cama. Ao acordar, ela revelou que o marido havia lhe espancado até perder os sentidos e, pensando que estivesse morta, colocou-a cuidadosamente na cama para se livrar da culpa. Ainda menina ouvi, mesmo sem entender o que significava, que ela fora estuprada por ele várias vezes, inclusive depois de uma cirurgia de períneo. Como uma mulher desumanizada dessa forma poderia preparar alguém para ficar de pé no mundo?

Minha avó era uma mistura de angústia, solidão, força e resistência. Mulher negra, talvez nunca tenha sido amada de fato. Não consigo entender de onde ela tirou tanta força para criar cinco filhos e os netos. Ela também aprendeu, na configuração onde cresceu e na sociedade em geral, a hierarquizar corpos e investir atenção e afeto em quem ela julgava ter mais valor, geralmente com o fenótipo diferente do seu. Preferia minha mãe, disso não tínhamos dúvidas, e o fato de ser negra e ter uma filha branca fez-lhe investir muito mais nela do que, por exemplo, na minha tia, a outra filha. Tinha algo que me unia muito à minha avó e ao mesmo tempo nos afastava: nossa negritude. Éramos idênticas nisso. Eu me sentia muito mais à vontade com o seu corpo negro do que com o de minha mãe. Quantas vezes eu me aconcheguei em seu colo, nas "pelancas", entre suas pernas e no ventre molhado sentindo-me em casa! Ela me deixava fazer isso, coisa que não lembro de ter feito com minha mãe. Eu adorava o cheiro de roupa molhada e de sabão em pó impregnado nela, pois era lavadeira. As memórias mais vivas em minha mente são dos tempos em que passei com minha avó no interior de Minas, embora não entendesse por que minha mãe deixava que eu passasse longos períodos com meus avós. Ao contar isso a um amigo, ele comentou: "Talvez porque você fosse a única que cortava seus lençóis".

O fator que me distanciava de minha avó era também o corpo, pois era nítida a sua preferência pela minha irmã mais velha, filha de um homem rico da cidade que não assumiu a criança, motivo de difamação e desonra da minha mãe perante a família e a cidadezinha. Para a minha avó, minha irmã tinha mais valor do que os outros netos, por isso precisava ser cuidada e protegida.

Antes de minha mãe morrer eu já passava muito tempo no sertão mineiro. Nesse período, além de lavar roupas para fora, minha avó também trabalhava plantando eucaliptos em uma fazenda. Como ela acordava às quatro horas da manhã para pegar o caminhão que levava mulheres boias-frias, eu ficava sozinha o dia inteiro em casa até ela chegar, ia na casa de minha tia, ao lado, somente para almoçar. Foi em uma dessas vezes que, sozinha, aos cinco anos de idade, entrei em casa para procurar uma bolinha de plástico que vinha com doces, presente de minha avó. Ao abrir a gaveta do armário azul da sala, meu avô chegou por trás de mim, abraçou-me, pegou-me no colo e levou-me para o quarto. Colocou-me sentada nas suas pernas, me tocou as partes íntimas e depois me deu um beijo na boca. Eu não sabia o que ele estava fazendo e só me dei conta de que era algo errado quando ele disse: "Não conta pra ninguém". Naquele momento, liberei-me dele e a memória que tenho desse dia é de um medo terrível. Ao sair pela porta, o escutei pensar em voz alta "ela vai contar" e chamou-me de volta, dando-me dinheiro para comprar balas. Corri para a casa de minha tia e, em pânico, contei-lhe o que acontecera, ouvindo dela a seguinte frase: "Não fale essas coisas, fique calada". E ainda me obrigou a ir até o mercado mais próximo, comprar as tais balas e entregá-las a ele. Em estado de choque fui e, com medo de encontrá-lo novamente, chamei-o na porta, ao que ele respondeu: "As balas são pra você".

Quando minha avó chegou, contei-lhe o ocorrido, ouvindo novamente "Não fale isso nunca mais". O assunto morreu ali e nunca mais falei para ninguém, embora eu soubesse que muita gente soubera, mas o pacto de silêncio da minha família sobre abusos sexuais era antigo. Minhas duas irmãs também foram abusadas por ele, além de uma prima. Não sei se outras também passaram por isso e não tiveram coragem de dizer, mas fato é que as que disseram foram repreendidas.

Minha prima, menina negra, ao advertir o abuso saiu gritando, mas ninguém para acolhê-la ou protegê-la, pelo contrário, levou uma surra da própria mãe, minha tia, e com isso fugiu de casa logo depois. Culparam-na pelo abuso e por falar sobre o assunto, pois na família os abusos eram vividos em silêncio e conformação, como se esse fosse o lugar natural tanto dos homens quanto das mulheres. E era esse o papel que nos impuseram por séculos, reproduzido por gerações, através da violência, da desumanização e do silenciamento. Na falta de outros parâmetros e modelos de relações, as mulheres da minha família internalizaram e naturalizaram a violência patriarcal, tirana e covarde, e a ideia de que para sobreviver era preciso ficar em silêncio.

Lyon, 5 de setembro de 2019.

Da parte do meu pai não conheci meus avós. Vivi sem saber da família dele até os vinte anos, quando, já no convento, mencionei que havia o contato de um tio em São Paulo e uma das freiras sugeriu-me procurá-lo. Liguei. Tempos depois fui conhecê-lo na capital paulista. Apesar da distância entre os irmãos, vi que meu pai vinha dali. Meu tio se apresentou na rodoviária do Tietê, de terno e gravata, usando lentes de contato azuis. A necessidade de mostrar o que tinha, de mostrar-se importante e acrescentar histórias de coragem e sucesso na própria biografia é típica da família. Os olhos azuis, para me impressionar, foi algo bizarro. Um homem nordestino tentando me jogar na cara uma branquitude que eu sabia ser falsa. Ainda mais marcante era a característica de tentar esconder o sofrimento e dissimulá-lo. A família da minha mãe o repetia, como num ritual, já a do meu pai o camuflava e, até mesmo, o negava. Meu pai é do sertão da Paraíba, da seca, da fome, do cangaço e de outro tipo de violência, diferente daquela do sertão mineiro. Esse meu tio dos "olhos azuis" contou-me que uma vez meu pai apanhou tanto do meu avô por ter colocado um dedo num doce sem consentimento, outra porque pisou na horta do vizinho. Na família do meu pai se morria de fome ou devido aos maus tratos e isso era tão naturalizado até a minha geração que o direito à vida e à morte estava nas mãos dos homens, quando muito, do destino. A falta de empatia do meu pai e de seus irmãos para com os filhos também era uma questão típica da sua configuração familiar. Apegar-se à vida e amar alguém não era um bom negócio. Meu pai, assim como o seu, era de uma violência que não cabia nele e que só entendi recentemente: a raiva, se não é expressa no momento do acontecimento, devasta, cria raízes na alma e faz estragos.

A dureza do sertão paraibano e a violência vivida fizeram dele alcoólatra. Não só o fato de não saber onde desaguar a raiva, o sofrimento e seu senso de não valor no mundo o fizeram beber por décadas, começando ainda criança como forma de enganar a fome e, depois, para de enganar a si mesmo. Ele viveu em São Paulo por vinte anos e ao visitar a cidade, a região do Tietê e os arredores da praça da Sé, pude entender bastante da sua solidão de homem nordestino naquela cidade. Quantos homens marcados pela bebida, pelo sentimento de fracasso dormindo nas ruas! Vi meu pai em cada um deles. Eu o vi bêbado apenas uma única vez na vida, quando, já no convento, minha irmã telefonou-me pedindo que eu voltasse para Minas, pois ele havia quebrado a regra "evite o primeiro gole" dos Alcoólicos Anônimos, do qual fazia parte desde bem antes do meu nascimento. Fui. Foi uma imagem triste, que me encheu de compaixão: aquele homem violento, rude, ali nos meus braços, tão frágil! Vi-o de cabelos compridos, acuado em casa como um menino, meio envergonhado e dissimulando a dor de uma existência solitária e dura. Entendi, mais tarde, que sou feita de dois sertões, daquele mineiro e daquele paraibano. João Guimarães Rosa formulou como ninguém o que é o sertão: "Sertão é o sozinho", "Sertão é dentro da gente", "No sertão o homem é o eu que ainda não encontrou um tu".

A escritora Rachel de Queiroz conta que cresceu com letras e livros, com discussões sobre os clássicos da literatura, o que fez dela uma grande escritora. Já Conceição Evaristo conta que não havia livros em sua casa, mas palavras sim, muitas palavras. Sua mãe contava causos, histórias e ela crescera rodeada de livros-pessoas. Eu cresci com o silêncio típico do sertão ao redor de mim, quase tudo era feito do não dito. Digo porque vejo o quanto isso marcou meus primeiros anos de infância, sobretudo os que passei com minha avó. Sentada debaixo de uma mangueira, sozinha o dia inteiro, eu sentia e observava as coisas ao meu redor, aprendi a observar a mim mesma, a pensar sobre o que eu sentia e via, mesmo sem interação com o ambiente. Os adultos, embora falassem, trocavam muito mais olhares, caras feias, franziam a testa ou confirmavam com a cabeça do que se valiam das palavras. Eu sou constituída por silêncios. Por um lado, é o lugar de onde meus pensamentos brotam; por outro, transformado em silenciamento, é opressor.

Meu pai e minha mãe se encontraram em um momento das suas vidas também sem vínculos, sem afeto, sem destino. Ele, o ser mais egoísta que conheci, incapaz de sentir empatia, de um narcisismo imenso, forma de não sentir dor, nem a sua nem a dos outros, conseguiu construir uma casca em torno de si para não atingir o "poço" e ali acho que tinha muitas feridas infeccionadas e que se coagularam por falta de tratamento e cura, mas somente ele não via, de fora dava para ver. Meu pai nunca contou a ninguém sua história de forma honesta, era sempre floreando o sofrimento para no fundo esconder a dor de sentir-se inferior na sociedade.

Minha mãe engravidara ainda jovem de um homem rico em Corinto, sertão mineiro. Sobre ela caíram todos os estigmas e hostilidades de um povo que precisava, ora ou outra, apontar um bode expiatório para sentir-se bom, puro e moralmente superior. Acho que não foi fácil para minha mãe lidar com a ideia de que "não valia nada" por ter transado fora do casamento e engravidado sem ser entregue pela família, ainda virgem, a outro homem no altar. Nem posso imaginar como foi isso para ela e a ferida que carregou na alma. Meu avô a expulsou de casa, deixando que minha avó ficasse com a criança. Depois disso, somente erranças, abusos e humilhações.

Quando meu pai visitou a sua família pela primeira vez, meu tio, segundo ele mesmo, chamou-o em um canto e disse: "Aqui não tem essa de namorar, não, tem que casar, porque ela não vale mais nada". Fiquei imaginando, ao ouvir dele esse relato, que se ao invés dessas palavras ele tivesse dito: "Escuta aqui, se você encostar um dedo na minha irmã eu te quebro no meio", talvez ele nunca tivesse batido nela, mas a sua própria família lhe dera a autorização para ser violada quando retirou dela a proteção e a apresentou como uma mulher de segunda categoria. É assim que o patriarcado faz com as mulheres, classificam-nas e as dividem entre santas e profanas, fáceis e difíceis, as que servem para casar ou somente para usar e jogar fora, as de família e as "mulheres da vida". E se tem uma coisa que une os homens de nacionalidades, classes e raças diferentes é a cumplicidade para manter o poder sobre nossos corpos.

Minha mãe era uma mulher muito bonita e atraente, diziam todos, mas o que recordo dela é seu choro pelos cantos da casa, seu olhar triste e apagado, sua infelicidade, jogada em um bairro de periferia de uma grande cidade, distante de tudo e todos, das dores no ventre devido ao câncer que a faziam gemer enquanto meu pai colocava o travesseiro na cabeça para não ouvi-la ou a mandava, no meio da noite, para fora do quarto para que ele pudesse dormir em paz. Como uma mulher tratada e desumanizada dessa forma pode educar alguém para ficar de pé na vida?

Ela esgotou toda a quota de infelicidade e se apagara para sempre aos 35 anos. Quando eu já estava fora do convento, durante uma visita a Corinto, descobri, através de uma prima, uma revista da cidade que trazia uma foto sua e a frase "a bela corintiana é Maria Alice, filha de Lourdes". Alguém guardara uma foto de minha mãe. Seria uma paixão de que nunca soubemos? Seria alguém que, no anonimato, continuou a amá-la, mas que por covardia nunca a assumiu publicamente?

No período de sua doença, ela se apaixonou por um farmacêutico que lhe aplicava injeções para amenizar-lhe as dores, a física e a emocional: a primeira com morfina e a segunda com seu ombro, ouvido e presença. Lembro daquele homem ao pé de sua cama, levando-a aos hospitais, e não do meu pai fazendo isso. Era de uma ternura o modo como ele a tratava que isso era novidade para mim. Quando ela faleceu, ele estava lá, grudado ao caixão com um rosto desolador e, meses depois, apareceu na casa da minha avó para nos visitar e levar presentes. Talvez fora o único que a amara de verdade e que doou algo a ela ao invés de tirar. Sou tão grata a esse homem por ter estado ao lado dela naquele momento de extrema solidão, sabendo-se mais perto da morte do que da vida.

Fui morar de vez com minha avó após a morte dela e foram os melhores anos da minha infância, apesar das dificuldades, da pobreza, do fantasma do meu avô que me rondava e que eu evitava passando mais tempo fora de casa quando ele estava. Era um lar aquilo que minha avó sozinha tentou construir para nós. Tinha rezas e novenas nas casas dos vizinhos, leilões, forrós, quermesses, senhoras nos bancos fora das casas, sobretudo quando os homens não estavam. Aliás, aprendi desde cedo a associar felicidade à ausência masculina. Tinha muita fofoca, partilha, e era quando as vozes das mulheres se faziam ouvir. Tinha festas juninas, folias de reis e muitas brincadeiras na rua, como a de roubar bandeira, queimada, cair no poço etc. Eu vivia minha solidão, mas era uma solidão diferente. Por exemplo, antes mesmo de minha mãe morrer eu já vivia ali, passando semanas ou meses, e entendo hoje que pelo fato de ser menina negra eu não suscitava proteção, inocência e cuidado, pois ocupava a rua e o espaço doméstico sem que ninguém se preocupasse se nos dois eu estava segura. Meninas negras são adultizadas muito novas e ainda levam toda a culpa pela falta de suporte social. É resquício da colonização e escravização.

Minha existência foi marcada por ter que dar conta de mim muito cedo. Nunca me acordaram para ir à escola, nunca prepararam meu café da manhã, não havia ninguém para me levar ou buscar, tendo que ir e voltar sozinha, e ainda era responsável pelo meu irmão, minha prima e um vizinho. Nunca tive ninguém durante toda a minha vida escolar para ir às reuniões e também nunca me dei ao luxo de ser irresponsável, pois logo me tornei consciente do fato de que não havia e não haveria ninguém para lançar-me adiante na vida ou amparar-me caso eu caísse. E ainda tinha que ser disponível não só para a família, mas para quem chegasse em casa e quisesse me levar. Fui de férias com uma prima para a fazenda de seu pai; outra vez uma sobrinha de minha avó, que ela mal conhecia, pediu para levar-me ao seu sítio de férias para fazer companhia à sua filha; já em outra ocasião, minha madrinha de batismo levou-me para um casamento em outra cidade. Era sempre para servir ou estar à disposição de alguém, nunca para me divertir. Desse último passeio recordo muito bem, enquanto as mães preparavam os cabelos de suas filhas, passavam suas roupas e organizavam os detalhes, não havia ninguém para fazer essas coisas por mim e, assim, tirei da bolsa uma roupa amassada que minha avó havia separado, com os cabelos como tinha chegado fui ao casamento, comparando-me com as outras meninas penteadas e bem arrumadas. Tudo em mim evocava ausência, como a falta de proteção, de cuidado e a falta de mãe e pai.

Minha condição de menina negra é a condição de muitas nesse país. Somos vistas para servir e não para sermos cuidadas. A experiência de não valor conheço desde sempre, pois ao longo da vida fui agregando ainda mais ao meu corpo essa marca. Além de ser menina negra, periférica, de uma família desestruturada, de uma classe social subjugada, dentro de uma estrutura patriarcal e capitalista, ainda fiquei órfã, o que aumentou ainda mais minha vulnerabilidade no mundo.

Eu deveria ter uns nove anos quando fui passar férias na região metropolitana de Belo Horizonte, na casa da minha tia, juntamente com meu irmão e minha irmã, que já estava morando lá. Ela nos levou num clube e na volta, no meio da BR, a gasolina do seu carro acabou. Sem nenhum posto por perto, ela pegou seu filho, um ano mais velho que eu, e partiu em busca de combustível, deixando no carro eu, minha irmã e meu irmão com a ordem de não abrirmos as portas. Levamos a advertência ao pé da letra e, no meio de uma rodovia num calor do mês mais quente do ano, o sol começou a derreter nossos corpos. Tiramos as blusas e nos enfiamos debaixo do banco do carro, encharcados de suor. Tive a sensação de que morreria e foi um dos sentimentos mais angustiantes, pois associado a ele uma intuição do tipo "e quem se importa?". Cheguei a bater nos vidros do carro, mas lá fora os passantes pareciam indiferentes. Não sei quanto tempo durou aquele inferno, mas foi uma eternidade para mim e, já conformada com a morte, vi um carro estacionar logo atrás do nosso. Era minha tia e meu primo com um sorvete na mão, acompanhados por um grupo de jovens que lhes doara a gasolina. Ao entrarem no carro, nenhuma palavra sobre o que passamos, ela ligou o motor e partiu. O que apreendi daquela experiência é que minha tia sabia dos riscos e levou sua prole consigo.

Uma vez, a pedido de minha avó, aos dez anos, fui até à casa de outra tia jogar no jogo de bicho. Na metade da estrada havia uma ponte em construção. Não me dei conta da presença de garotos dentro daquele buraco e ao tentar passar fui agarrada por um deles, que me tampou a boca, e, ao som dos meus gritos e choro, ouvi um deles dizer: "Solte a menina". Saí correndo e tremendo, cheguei à casa de minha tia sem os números do jogo e, sem saber o que dizer, fui enviada de volta para casa. Fiz um caminho mais longo do que o previsto na volta para fugir dos agressores e, ao chegar em casa fiquei de castigo.

Aos onze anos também ouvi, dentro da minha própria família, alguns primos mais velhos dizerem que eu ficaria grávida logo, pois segundo eles eu era muito solta. A sociedade odeia meninas negras e depois nos culpa pelos erros e até conta com isso para nos jogar na cara o nosso não valor e confirmar o que pensa sobre nós.

Lyon, 7 de setembro de 2019.

Continuarei a fase sucessiva, quando deixei o sertão e fui para a periferia da grande Belo Horizonte. Alguns anos depois da morte de minha mãe, meu pai casou-se novamente e decidiu que eu e meu irmão deveríamos morar com ele e sua nova esposa de apenas 21 anos. Ela também era negra, muito magra, parecia ter uns cinquenta anos, até que eu, incrédula, lhe pedi para ver sua Carteira de identidade, pois duvidava. No dia em que meu pai nos buscou na casa da minha avó, lembro-me do pranto dela vestindo-me para a viagem e do seu olhar fixando o carro em que partimos até ele desaparecer. Se lhe disser que foi traumático deixar o sertão estaria mentindo, pois sonhava com a cidade grande e, no fundo, eu sentia falta do meu pai. Por isso aquela viagem foi muito mais de esperança do que de dor, tanto que eu nunca lutei para voltar para lá.

Minha madrasta era uma mulher muito sofrida, analfabeta, vinda de outro sertão, do norte de Minas, não sabia quem era o seu pai e dizia que a mãe havia desaparecido. Ela chegou na grande cidade para morar com as tias, que a maltratavam muito e assim, ao conhecer meu pai, aceitou o convite para morarem juntos. À época, eu não entendia sua insistência em me dizer que seu pai era branco, já que todos os familiares dela que eu conheci eram negros e negras retintos. Hoje sei que era uma forma de buscar valorizar-se e engrandecer-se diante do que ela considerava pequeno e sem valor: a sua negritude. Sei o que é viver com pessoas quebradas pela opressão econômica e pelo racismo e um traço em comum a elas é amenizar a dor, negá-la ou ferir os outros, geralmente seus iguais, por olhar-se no espelho.

Ali, foram anos difíceis e foi também onde meu problema, bem descrito por Frantz Fanon em *Pele negra, máscaras brancas*, intensificou-se. Quando li essas palavras me causou surpresa o fato de que nenhum dos profissionais pelos quais passei tivesse me falado disso, da síndrome do abandônico: "O abandônico exige provas. Não se contenta mais com declarações isoladas. Não tem confiança. Antes de estabelecer uma relação objetiva exige do parceiro provas reiteradas. O sentido de sua atitude é 'não amar para não ser abandonado'. O abandônico é um exigente. É que ele tem direito a todas as reparações. Ele quer ser amado totalmente, absolutamente e para sempre".

A casa onde morei com meus pais antes da morte de minha mãe parecia ainda mais triste depois do meu retorno do sertão mineiro. Muitos vizinhos da minha primeira infância já não viviam mais lá e isso dizia muito sobre o lugar, de passagem, provisório, onde quase ninguém fixava raízes, exceto o meu pai e outros dois vizinhos. Novos moradores também chegaram no bairro, vindos dos interiores, de estados do Nordeste e das favelas da grande cidade. Nossa casa, no meio do nada, num lugar que diziam que se desenvolveria com o tempo, permaneceu quase inalterada nesse período que passei no interior e as mudanças prometidas àquele lugar só as vi depois que me mudei de lá e à distância de muitos anos. Mesmo assim um crescimento sem planejamento, sem inclusão social, o que transformou o bairro em um grande depósito de pobres e de mão de obra barata a serviço das áreas centrais da cidade.

Não tínhamos amigos, ninguém nos visitava e minha

madrasta passava o dia na casa de uma vizinha ou de parentes, enquanto meu pai trabalhava o dia inteiro, inclusive nos fins de semana, na multinacional Fiat Automóveis, onde também trabalhava grande parte dos homens da minha família. Dessa empresa, marcou-me o dia em que ela abriu suas portas para a visita de familiares à área de montagem dos carros no ano de 1989, primeira eleição em que concorria o ex-presidente Luiz Inácio Lula da Silva. Os operários esperavam os ônibus saírem dos bairros e naquele onde viajei alguns trabalhadores cantavam "Lula lá, é a gente junto... Lula lá lá, com toda certeza... Sem medo de ser, sem medo de ser feliz". Fiquei encantada e, diante do..... deslumbramento, um dos operários colou uma estrela em meu peito. Ao dirigir-me ao meu pai, empolgada com o cantarolar dos trabalhadores, ele disse: "Ah, se o Lula ganhar a empresa vai fechar, pois ele vai exigir um salário muito alto para os operários e os empresários não poderão pagar". Aquilo para mim soou contraditório, pois como aqueles homens e suas famílias poderiam pedir e cantar para alguém que os prejudicaria? Acho que foi ali que começou a minha consciência de classe, porque a racial se deu muito depois.

    Ver o chão de fábrica, aquele grande galpão com máquinas enormes, também marcou minha consciência. Era ali que meu pai e milhares de outros homens passavam a metade do dia e depois chegavam cansados em casa, humilhados e com a raiva, descontando em suas famílias. Eu mal o via, pois ele saia na escuridão da madrugada e voltava quando o sol já tinha se adormentado. Nas periferias é assim, o povo vai somente para encostar o corpo cansado do trabalho pesado durante o dia, nas fábricas, nas ruas ou nas cozinhas, depois de cuidar dos filhos dos outros no aconchego dos seus lares, enquanto os seus são deixados à própria sorte.

Eu ficava em casa, no sofá, o dia todo assistindo televisão ou ia para a casa de uma vizinha que morava ali desde os tempos da minha mãe. Essa minha vizinha, uma menina negra dois ou três anos mais velha que eu, cuidava da casa e dos quatro irmãos enquanto a mãe cuidava da casa e dos filhos dos outros. Lembro-me de ela cozinhar para todos eles e ainda ir para a escola, repetir o ano várias vezes e mal saber ler e escrever. Não havia livros, lazer, éramos crianças expostas a programas televisivos impróprios, como uma vez em que assisti, aos onze anos, no SBT, durante a tarde, um filme chamado "A violentada", com cenas de estupro e violência. Fora de casa também era perigoso, sobretudo para as meninas. Uma vez fui agarrada pelo irmão dessa vizinha, junto com os amigos dele, e tive meus seios, que ainda nem haviam crescido, tocados. Outro vizinho beijou-me à força e só consegui liberar-me porque o machuquei com as unhas. Para quem contar? Ninguém, eu havia sido silenciada quanto aos abusos e a única coisa que podia fazer era defender-me sozinha.

Eu não só me defendia, mas, por teimosia, também tentava me incluir, pois sabia que ninguém faria isso por mim. Como o dia da minha primeira comunhão na Igreja Católica. Eu não fazia catequese, pois no bairro sequer tinha uma igreja católica, e eu morria de vontade de fazer e receber o que me disseram ser o "corpo de Cristo". Visto que não havia alternativa, certa vez, em uma igreja fora dali, meti-me na fila que se dirigia ao altar para o momento da comunhão. Com o meu corpo magro e pequeno, abri a boca e, numa reivindicação de participação no que me diziam sagrado, engoli a hóstia sentindo orgulho de mim mesma. Meninas e mulheres negras dificilmente são incluídas nos espaços, precisamos chegar arrombando portas, mas, infelizmente a sociedade presta bem mais atenção na porta arrombada do que em nós.

Eu não tinha ninguém para se preocupar se eu faltasse à escola, se fazia as tarefas, se havia almoçado, se estava triste, feliz ou doente. Ao redor de mim somente terrenos baldios, muito mato, silêncio e vazio. Não tinha diálogo, não tinha conversas em casa, histórias de mulheres na porta da rua, nem novenas, rezas e benzedeiras. Para mim era um deserto! Não era mais solidão de sertão, não, era solidão de exclusão e abandono nos grotões das cidades grandes. Éramos um povo desenraizado e perdido, que vinha de diversos cantos do Brasil, sem identidade ou laços com o local, soltos e esquecidos ali.

Tinha uma vizinha que me roubava as roupas que eu ganhava da família da minha mãe, juntamente com minha madrasta. Todos os dias uma peça desaparecia e elas diziam que era o espírito de minha mãe que fazia aquilo. Essa vizinha também tinha uma mania de dizer que o pai dos filhos dela era branco. Como se não bastasse, as duas começaram a também roubar-me dinheiro, pois já aos doze anos, dava aulas particulares na vizinhança e uma vez essa mulher disse que se eu lhe desse o dinheiro faria um "serviço" com seus guias espirituais para que meu pai nunca mais me batesse. Esse assédio e essa violência duraram alguns anos e ao recusar dar-lhe o que ganhava ela mandou avisar que os seus guias me quebrariam as pernas. Acreditei na história, pois uma vez meu pai pediu-me para ir ao supermercado e fui abordada por minha madrasta para que entregasse o dinheiro a ela, mas recusei. Já no caixa, com alguns produtos, o pânico tomou conta de mim e pensei que elas haviam cumprido com o prometido, pois olhei para o dinheiro e acreditei estar nas mãos com uma nota falsa. Assim, corri desesperadamente, deixando para trás os produtos no caixa do supermercado.

Como negros e negras aprenderam a se maltratar e a maltratar os seus para amenizar a própria dor e insignificância social! Norbert Elias diz que as emoções são frutos de processos históricos e sociais e que cada época faz florescer algumas. Dessa forma, os sentimentos que regiam nossa configuração de bairro e nossa condição de classe eram frutos de um processo de exclusão, alienação, onde prevalecia a inveja, sobretudo da cor e dos traços físicos uns dos outros, o ressentimento e a raiva, assim como o autodesprezo que se transformava em desprezo pelos iguais, pobres e negros. Claro que não somos sujeitos passivos do processo de socialização, mas que alguns são engolidos por ele, isso eu testemunho.

Não havia nada em que eu pudesse me agarrar para suportar a vida naquele lugar e a sensação de abandono se intensificou. Essa solidão geográfica incidiu muito na minha fobia por lugares isolados e afastados. Um fim de semana numa chácara, no "fim do mundo", ainda hoje é para mim mais um pesadelo do que um momento de relaxamento, marcas da memória afetiva daquele lugar. Era uma periferia da região metropolitana de Belo Horizonte e ainda assim as pessoas se sentiam superiores aos moradores das favelas. Eu daria tudo para morar em uma igual a sua. Passei com meu pai de ônibus na frente do seu bairro certa vez e apontei o lugar dizendo: "É ali que ele mora, pai!". Ele, chocado, replicou: "Na favela?". Imagina, a gente morava no meio do nada e ele ainda via com maus olhos o lugar onde você morava! Nossa miséria era bem maior, pois estávamos isolados de tudo que a cidade proporciona, de instrumentos que pudessem enriquecer nosso capital cultural e social, e de muitos estímulos para interagirmos com o mundo.

Lyon, 8 de setembro de 2019.

Você teve uma família negra diversa da minha. A sua não viveu isolada no sertão e sua casa estava sempre cheia. Além disso, você viveu com seus pais até se tornar adulto, não houve rupturas, perdas, nem abandono físico ou psicológico e o seu bairro ficava muito próximo do centro da cidade, da vida social, o que faz muita diferença quanto ao acesso à cidade, embora também em uma situação de exclusão. Sua mãe te carregava nos braços quando pequeno, devido à deficiência física, por quilômetros, à procura de cura e hospitais, como você contou uma vez. Eu fico pensando que se tivesse tido o mesmo problema de saúde que você, tendo minhas pernas paralisadas devido a um vírus, somado à minha falta de suporte no mundo e à minha condição de vulnerabilidade, teria ficado pelo caminho. Você não ficou porque teve sua mãe que investiu tempo, cuidado e afeto para que você não ficasse, nisso você foi privilegiado.

Nós, quase nunca saíamos do bairro para passear, pois transporte público era difícil, mas principalmente porque não tínhamos dinheiro. Quando chovia, as ruas se transformavam em grandes buracos, impedindo até mesmo os carros de passarem. A energia elétrica era constantemente cortada, nos deixando em uma situação de completo abandono e isolamento. Claro que na sua infância houve outros traumas, como uma vez em que você me disse: "Pelo menos você não passou fome". Eu não quis tocar na ferida e não lhe perguntei mais nada. A fome para mim é um assunto que ainda hoje dói, pois eu sei das marcas deixadas por ela nos meus pais, visíveis nos seus rostos. Você carrega o peso de ser negro, favelado e com deficiência e eu sei que isso tornou a sua vida infinitamente mais difícil que a da maioria dos homens, principalmente para quem queria estudar.

Queria tanto ter ouvido mais sobre sua infância, sobre as violências pelas quais o corpo de um menino negro passa. Quando eu era freira e trabalhava na periferia de Goiânia, ouvi diversos relatos dos jovens que eram constantemente parados pela polícia. Chamavam aquilo de "baculejo" e as experiências eram muito parecidas, como levar tapa na cara dos policiais, insultos ou até risco de acabarem assassinados nas abordagens. Como era uma situação constante e que atingia muitos deles, entendi aquilo como um "ritual de passagem" onde meninos negros eram "apresentados" e "introduzidos" à sociedade. Imagino que você deva ter passado por isso, pois a polícia chegava na favela onde você morava com tanta violência gratuita e desmedida, descarregando, principalmente sobre os homens, todo o ódio que esse país jogou para debaixo do tapete.

Não me lembro da polícia na periferia onde vivi, mas uma vez, voltando da escola com outras crianças, achamos um corpo morto jogado numa das ruas, em plena luz do dia. Ficamos ali olhando, aterrorizadas com a cena. Era o início da transformação do bairro em um grande "quarto de despejo" da cidade, inclusive para corpos matáveis e descartáveis.

Antes de a polícia e o Estado chegarem, chegaram as igrejas evangélicas neopentecostais, cada canto tinha uma. As primeiras foram as igrejas Deus é Amor, a Assembleia de Deus e a Quadrangular. Eu passava na porta e via aquele povo pobre sofrido se jogando no chão, gritando, chorando, as mulheres com aqueles cabelos enormes e saias longas. Sentia pena! Sempre achei, desde muito pequena, que aquilo não era para mim. Uma vez, uma vizinha convidou-me para ir à sua igreja, a Quadrangular. No meio do culto, o pastor me chamou, segurou minha cabeça, movendo-a de um lado ao outro e, no final, essa minha vizinha disse-me: "Viu como você mexia a cabeça?". Pensei comigo mesma: "Claro, com aquela mão me machucando?!". E nunca mais voltei. Mas o pastor foi até minha casa, por insistência da vizinha. Acho que eu era presa fácil, pois era visível o meu abandono, era visível também que eu era uma menina centrada. Ele chegou dizendo que queria orar por mim e entrou em casa, passou por todos os cômodos até chegar no meu quarto e bater os olhos numa Bíblia marrom, grande, que eu tinha sobre um móvel. Foi então que ele disse que naquele quarto havia um objeto do demônio que eu deveria jogar fora. Na época, nem me toquei, entendi anos depois que ele se referia àquela Bíblia por ser uma edição católica. Minha distração protegeu-me desse cerceamento falacioso das primeiras igrejas no bairro, aliás, minha distração protegeu-me de muitas outras coisas.

Um tempo depois, outra vizinha, vendo que eu passava muito tempo sozinha, convidou-me para ir até a sua igreja, dessa vez a Deus é Amor. Senti pena daquele povo: chinelos nos pés, ternos comprados nas feiras de camelôs, gritos desesperados expulsando demônios que eu não conseguia ver. Eu só sentia a nossa solidão e o nosso isolamento do resto da cidade. O pastor disse que naquele dia tinha recebido uma mensagem de Deus dizendo que a filha Dele estava ali e era uma menina que precisava tomar cuidado com duas mulheres, uma delas morava com ela. Sempre que uma menina se levantava para ir até ele, o pastor mandava voltar dizendo que não era a "filha" certa. Fiquei no meu lugar, sem me mexer até o final do culto. Depois entendi que se tratava de mim e que minha vizinha me levara de propósito sabendo que minha madrasta e a outra vizinha eram mulheres que podiam fazer-me mal através do que acreditavam ser "macumba".

À época, minha madrasta e a vizinha me roubavam tudo o que eu ganhava da família de minha mãe durante as férias. Eram roupas bonitas, grande parte delas de marca, que eram depois vendidas na favela Vila Barraginha, a mesma que naquele período desabou, matando pessoas e destruindo muitas casas, devido à chuva e de onde vinha a vizinha que me roubava e ameaçava. O caso encerrou-se quando um dia, brincando na casa dela, vi um dos meus sapatos e a questionei. Minha sorte é que nunca fui apegada a nada, a coisa alguma, e eu sabia perder sem grande sofrimento.

O demônio que viam nessas igrejas era nada mais, nada menos, que os efeitos da exploração social e econômica sobre esses corpos, o efeito da invisibilidade diante do poder público e da exclusão social que sentíamos mais forte quando deixávamos o bairro e nos dirigíamos para as áreas mais centrais. Aquele confronto nos mostrava quem éramos, ou melhor, quem não éramos. É como em *A aparição do demônio na fábrica*, do sociólogo José de Souza Martins. Numa fábrica de porcelana onde ele trabalhou como *office boy* quando garoto, as mulheres da sessão de embalagem começaram a ver o demônio. O dono da fábrica chamou até o padre para exorcizar o local, pois muitas delas até desmaiavam. Martins, já sociólogo, resolveu analisar esse acontecimento que lhe marcara a consciência de classe e conclui que a produção começou a aumentar na fábrica, enquanto o número de trabalhadores continuou o mesmo, exacerbando, assim, a carga de trabalho e a pressão, sobretudo sobre as mulheres, cuja tarefa era ainda manual, a saber, aquela de cuidadosamente embalar as peças. Não conseguindo ver o todo da fábrica e que na outra ponta a produção aumentara, viram somente o resultado disso chegando na última cadeia da produção e, assim, começaram a sentir o estresse e a pressão sobre si mesmas. Não havendo elementos para compreender e nem poder de ação sobre isso, começaram a projetar na figura do demônio o sofrimento psíquico causado pelo aumento demasiado do trabalho e da exploração.

Na periferia era assim. Não podendo entender essa exploração da mão de obra barata recrutada ali e o fato de passarem mais tempo em ônibus lotados e galpões quentes ganhando um salário que mal dava para comer, onde mulheres e crianças eram o amortizador social da violência que os homens recebiam dos seus patrões e das instituições, as pessoas viam o demônio. As igrejas foram os primeiros locais "autorizados" para se vê-lo, para neutralizar a luta de classe, para amenizar os efeitos de um capitalismo selvagem que atingia, sobretudo, a periferia e as favelas. Com o tempo, o número de pessoas que "viam o demônio" começou a aumentar no bairro e a maioria dos vizinhos aderiram, pouco a pouco, às igrejas neopentecostais como forma de inclusão e de pertencimento a um grupo para tentar construir alguma identidade. Isso também dividiu o povo entre os que eram considerados de Deus e os que não o eram. Como não havia Igreja Católica no meu bairro, eu não era de coisa alguma; para alguns, era do segundo grupo, inclusive alguns vizinhos não deixavam mais as suas crianças se misturarem com aquelas "pagãs".

Com o passar dos anos, as igrejas foram ressignificando suas mensagens para esse público cada vez mais explorado. Atualmente, nas periferias, a adesão ao neopentecostalismo é a "bênção" que faltava para a busca de uma ascensão social baseada, sobretudo, no consumismo, eliminando o sentimento de culpa por essa luta desigual, ferrenha e selvagem pela inclusão numa ideia de cidadania que passa, especialmente, pela aquisição de bens e ostentação deles. Não vivi na infância o dito que se tornou tão popular no Brasil, "foi Jesus quem me deu", ao se comprar um carro, uma geladeira, quitar o lote, pois ainda não andava na moda, mas as igrejas legitimam e reivindicam cada conquista da população pobre, negando discutir as raízes das desigualdades e da exclusão social. Já nas camadas mais ricas, a mesma noção, essa da Teologia da Prosperidade, serve ao invés, para validar a posição social e o acúmulo desenfreado de dinheiro e riqueza, sem que a pessoa se sinta culpada, sem que com isso ela precise dividir com os demais, afinal, ela mereceu, foi Deus quem abençoou. As mesmas igrejas autorizam coisas diferentes para pobres e ricos. É a ideologia ideal para o capitalismo continuar se expandindo sem impedimentos.

Lyon ,12 de setembro de 2019.

Sabe, eu senti inveja de você quando fui à sua casa pela primeira vez. Era dia de festa, não me lembro de que. Talvez vocês nem precisassem de um motivo. A questão é que tinha festa! Minha família não fazia festa, pois meus avós não sabiam celebrar datas ou simplesmente a existência. Talvez nunca tenham gozado de uma na infância e, quando adultos, a vida era um prolongado luto. Meus tios e tias também não sabiam e não costumavam se juntar para ocasiões especiais. Cada qual com sua própria solidão ou cultivando mágoas. A mágoa é a raiva que se volta para dentro, é o acúmulo de silêncio que se petrifica por não ter encontrado palavras e formas de se exprimir.

Você tinha a casa afetiva e, de algum modo, a física. Eu precisava das duas. Quando eu tinha uns oito ou nove anos, no período do Natal, observava a casa enorme da vizinha da minha avó, dona Adelina, cheia de filhos e netos, o bezerro morto para o churrasco, muita fartura e muita gente, música alta e risadas, ao mesmo tempo em que eu olhava a da minha avó com seus netos órfãos, meus tios e tias cada um no seu canto, a comida era a mesma de todos os dias do ano, nenhum sinal de que era Natal na nossa casa. Aprendi a fazer festa e a sentir-me bem numa delas quando me divorciei, pois cheguei num ponto da vida onde ou prolongaria os lutos da minha família e a tristeza que perpassou gerações desde o cativeiro ou sairia dele, celebrando até mesmo os pequenos sopros de vida. Eu também precisei ressignificar o Natal quando tive meu filho para oferecer a ele um sentimento de participação na vida social e não de estranhamento e exclusão como eu sempre vivenciei. Eu sei que em outras configurações de famílias afrodescendentes festa, canto, música e tambor não podem faltar, pois mantiveram a tradição, zelaram pelas expressões culturais como meio de expressar a vida e não somente sobreviver. Mas, para uma família cujos membros foram despedaçados, isolados e divididos, como exigir isso?

Nunca tive uma festa de aniversário em família, na maioria das vezes nem mesmo os parabéns. Depois da morte de minha mãe, um dia, minha irmã olhou para minha avó e disse: "É o aniversário dela". Minha avó virou as costas. Acho que era o mesmo tratamento que ela recebera na fazenda e no casamento e, no meu aniversário de dezesseis anos, já morando com minha tia, recebi algumas amigas da escola que me trouxeram flores, mas ela não deixou que eu as convidasse para entrar e tive que recebê-las no portão da casa. Era um eterno boicote à felicidade na minha família, reprodução da violência secular sofrida.

Na sua casa tinha gente, tinha risadas, tinha você orgulhoso de me apresentar para os seus pais e tinha sua mãe, que não economizava elogios para falar de você, principalmente quando voltei lá uma vez para te procurar e você não estava. Sei que seu pai era extremamente violento, assim como o meu. Era a única forma de ser homem que lhes fora ensinada e que a sociedade sustentou e ainda sustenta como modelo de masculinidade. Espero muito que você tenha conseguido desconstruir tudo isso. Espero mesmo! bell hooks, uma das minhas leituras de salvação, escreveu em *We real cool: black men and masculinity*: "Pais patriarcais não são a resposta para curar as feridas na vida familiar negra. Em última análise, é mais importante que as crianças negras tenham lares amorosos do que casas onde os homens estão presentes. É mais saudável psicologicamente pais e mães solteiras amorosas. Casas disfuncionais onde não há amor, onde mãe e pai estão presentes, mas abusivos, são tão prejudiciais quanto casas monoparentais disfuncionais".

Sentia uma imensa falta de um ambiente povoado e, por isso, sou tão sensível à casa, física e afetiva, além do lugar onde ela é construída. Aquela casa onde te levei para conhecer meu pai foi comprada pela minha mãe, que a adquiriu com o dinheiro da venda da outra, dada pelo homem que a engravidara como ressarcimento pelo abandono da criança. Quando ela a comprou, o lugar era quase despovoado, solitário, sem a mínima infraestrutura, com a promessa de que se desenvolveria. Meu pai ficou morando lá e lá morrera recentemente. Aquele bairro para mim é angustiante, não porque ele seja de fato, mas porque ali eu via a angústia da minha mãe isolada, sem transporte público, sem água encanada e quando chovia alagava tudo ao redor. Eu não estou dizendo que toda periferia seja assim e que essa experiência acomuna todos os periféricos, pois no seu bairro tinha associações, encontros e festas e com o passar dos anos vi uma explosão de movimentos periféricos, coletivos e grupos que deram uma nova cara à periferia, manifestando orgulho e evocando identidade.

Minha mãe era uma mulher sozinha e ferida com quatro crianças pequenas e ninguém, absolutamente ninguém, que lhe estendesse a mão. Como fez falta o Estado na nossa vida! Como teria sido diferente se ela não tivesse sido abandonada daquele jeito. Em lugares como aquele era a solidariedade do povo que garantia a sobrevivência, mas se vendo no olhar de desprezo da burguesia o povo também se odiava e se destruía.

Paulo Freire contou, em um de seus livros, que não gostava de tempo chuvoso, pois nele, andava cabisbaixo e de cara fechada. Então, ele resolvera olhar de frente essa memória que lhe causava dor sempre que chovia e percebeu que estava ligada à condição em que vivia na infância: pobreza e precariedade. A chuva para ele remetia a barro, lama e dificuldades. Para mim, a chuva também era isso. Quando chovia, minha mãe entrava em pânico e fugíamos para a casa mais perto com medo de que a água levasse o telhado de casa e, isolados, nem pudéssemos pedir ajuda. Abriam-se buracos enormes nas ruas e a gente brincava nas crateras, para disfarçar a angústia e a solidão.

Ainda hoje, não gosto das periferias distantes onde o povo é jogado como o dejeto da sociedade. Já morei em várias delas quando fui freira. Vi muita gente feliz, mas para mim traduzia-se em sofrimento. A falta de luz ou a escuridão quando anoitecia, a falta de ônibus ou a demora deles quando passavam, sempre abarrotados de trabalhadores, levando os corpos para servir aos bairros abastados já às quatro da madrugada e trazendo-os de volta, cansados e humilhados, no escurecer ou quando recebiam suas cestas básicas, carregando-as nas costas, sabendo que deveria durar o mês inteiro.

A periferia é a primeira zona da cidade a sofrer o corte de água com os constantes racionamentos para abastecer as regiões mais centrais. Isso aflorava em mim tantas dores e memórias que até atingiam meu corpo. Num dos bairros onde morei em Goiânia, desenvolvi uma alergia que não sabia a causa, tinha dificuldades até de respirar. Era "alergia" daquela realidade que vivi e que não tinha sido curada. Mas não ousava dizer nada, pois quem escolheu todos os lugares onde morei foram sempre as "superiores" do convento e recusar era visto como não inserção entre os pobres. Tinha aquelas que podiam se dar ao luxo de escolher, mas para isso era preciso conquistar poder de decisão dentro do convento, o que nunca aconteceu comigo.

Nesse bairro onde morei antes de deixar a vida religiosa, na rua abaixo da nossa, houve uma chacina, provavelmente cometida pela polícia. Ao me enfiar casa adentro durante o velório das vítimas, meu olhar caiu sobre uma menina negra, magra e desolada, debruçada sobre o caixão da mãe e que sobrevivera porque havia se escondido durante o massacre de sua família. Pensei: "Poderia ter sido eu". Poderia também ter sido você.

Tive dois primos que foram assassinados por facções criminosas, outro que enlouqueceu na periferia e vivia como um animal perambulando, outro que andou de Minas ao Ceará porque era dependente químico. Salvei-me porque saí, fui embora. Nessa situação de abandono, as igrejas acharam seu terreno fértil para um povo vulnerável, suscetível a qualquer mensagem que pudesse aliviar a dor. Como eu disse, elas chegaram antes do Estado, ampliavam seus templos e os fiéis lotavam esses espaços, na falta de praças, parques, bibliotecas e mesmo de algum conforto em casa. Eram os únicos lugares onde se podia gritar a dor e "expulsar" de seus corpos esmagados os sinais de exploração.

Nunca me senti em casa no bairro em que morávamos e as lembranças de "casa" que tenho, e que me confortam, têm cheiro de café pela manhã, bolo saindo do forno, risadas, papo, pessoas que entram e saem. Acho que era mistura da casa de minha avó com a minha imaginação de menina. O bolo lá não tinha, mas tinha muitas outras coisas que ela preparava com aquelas mãos pretas que faziam tudo ficar tão gostoso. O que mais gostava da casa dela era poder dormir escutando vozes, pois quando meu avô não estava, as mulheres ficavam contando causos até tarde na porta de casa e, ao acordar, sentia o cheiro do café e as mesmas vozes familiares. Quando os homens não estavam, as mulheres eram felizes e suas risadas saíam livres até tomar conta das ruas, além de escaparem como adolescentes para os bailes da cidade e só retornarem no raiar do dia. Dormir com som de risada de vó é a melhor coisa do mundo. Hoje, minha irmã mais velha, que também tenta ressignificar a infância, construiu para si um espaço *gourmet* em sua casa. A cozinha ficou pronta, linda, moderna, só falta ser povoada por pessoas que saibam festejar a vida sem se fazerem mal. Talvez as próximas gerações aprendam. Demora muito para curar as feridas e dar um novo sentido às coisas e às relações.

Lyon, 15 de outubro de 2019.

Hoje penso na situação do Brasil e me inundo de tristeza. Imaginei o que você passou para chegar a fazer doutorado e lecionar em uma universidade.

Eu falava da minha família e me dei conta de que nem toda família afrobrasileira teve as mesmas vivências que a minha, por exemplo, a sua casa era povoada, as duas, a da alma e aquela física. Conheci um clube, fundado por negros e negras em 1895, na cidade de Jundiaí, onde morei, no interior de São Paulo, e vi que a vida daqueles e daquelas que se reuniram em torno dele, para se fortalecerem depois da abolição da escravidão, deu-lhes identidade, senso de pertencimento e orientação. Os encontros, os bailes, os concursos de beleza negra, os eventos e até a política os posicionaram na vida e na cidade de forma diferente da minha família, escrava em fazendas. Ah, se a gente tivesse tido um espaço assim para crescer! Ah, se meus avós, ao invés de viverem em fazendas isoladas no interior de Minas, tivessem nascido e crescido em uma configuração assim! Se pelo menos tivéssemos rodas de samba, acesso à cultura para formarmos uma identidade e para expressar nossas dores! Não tínhamos instrumentos para lidar com ela. Eu agora tenho.

O isolamento, psicológico e geográfico, só serviu para aumentar a sensação de não valor nesse mundo e cultivar mágoas e dores. Sim, cultivavam mágoas! Sem interação social, sem uma vida voltada para relacionar-se com o outro, para o convívio social onde as famílias se viam quando viam as outras, onde aqueles que estudavam serviam de modelo a ser seguido pelos demais, a condição de escravidão se reproduziu dentro e ao redor deles. No Clube 28 de Setembro, negros e negras formaram uma classe média letrada na cidade, estudaram, alguns fizeram faculdade, prestaram concursos públicos numa época em que ter o "segundo grau" já era um grande diferencial. A vida em torno do Clube elevou o capital cultural e social dos sócios e olhando os outros, se espelhando uns nos outros, as pessoas aprenderam o que Florestan Fernandes chamou de "técnicas sociais".

O que faltou na minha família foram justamente as "técnicas sociais", ferramenta que não seria possível construir isoladamente, sem inclusão social e uma rede de fortalecimento. Ela (minha família) saiu da escravidão sem nenhum modelo do que era ser livre, ser gente, ser tratado com respeito e sem se deixar pisar. Como exigir isso da minha avó, órfã e serva numa fazenda, e de um avô, órfão e pedra no caminho da família que o criou? Os dois não desenvolveram isso e nem puderam ensinar aos filhos.

O sertão de Minas tinha sua riqueza, as festas da roça, a solidariedade entre as comadres, mas meus avós não faziam parte disso, pois eles não sabiam como ter laços e vínculos. O sentir-se só, também passa de geração a geração, por repetição, por ausência de outros modelos e por incorporação de padrões de comportamentos que se registram na massa cinzenta e condicionam os indivíduos. A posição social que cada um ocupa oferece uma gama de perspectivas que são coerentes com o contexto em que se vive e isso é uma "ordem invisível", que não é diretamente percebida, mas que proporciona um conjunto restrito de formas de agir e as pessoas se conformam e se moldam de acordo com isso. Nas palavras de Norbert Elias, "depende largamente do ponto em que ele nasce e cresce nessa teia humana, das funções e da situação de seus pais e, em consonância com isso, da escolarização que recebe".

Na ausência de uma convivência e de formas de interação na sociedade ou de ambientes onde as pessoas se questionem, se veem enquanto veem os outros, conversam e se comparam, a mágoa é alimentada diariamente como forma de escorrer o sofrimento, só que de si para si ou de si para os seus iguais. Por muito tempo pensei sobre esse traço da minha família, oriunda do sertão mineiro, e na mágoa como um traço social. No sertão de Minas, meus avós, tios e tias a cultivavam por falta de outro modelo de gerir as relações e as próprias emoções. A vida só mudou um pouco quando eles foram para a cidade e na vizinhança minha avó reaprendeu a vida. Em Corinto tínhamos vida social e, apesar de tudo, eu fui feliz ali, lugar dos meus melhores anos de infância, aos quais tento me agarrar com todas as forças.

Bem, eu lhe falava do Clube 28 de Setembro e da admiração que senti pelos negros e negras que lutaram por aquele espaço. Recentemente recebi de um conhecido uma poesia de um senhor chamado Waldemar Benedito de Souza (1919-1996), declamado por sua filha no Clube e compartilhada por um amigo de Jundiaí anos mais tarde: "Você se julga tão grande / Comete grande asneira / Meu amigo, olhe para trás / E contemple essa caveira. / Esses ossos descarnados / Um dia tiveram vida / Uma vida igual a sua / Uma vida mal vivida. / Agora para seu espelho / Contemple isso, José / Ela já foi igual a você / E você será como ela é".

Isso é o que Bourdieu chama de "existir socialmente". Meus avós não existiam socialmente, embora existissem. Quando eu era noviça e morava na periferia da grande Goiânia, fui responsável por vários grupos de jovens. Para mim, o melhor que poderia fazer era criar espaços de reflexão, lazer e beleza para aqueles jovens. Assim, os levava sempre que podia para fazer cursos de teatro em lugares verdes, com flores e outra paisagem, fugindo daquele cenário triste onde prevalecia a poeira, o calor, sem árvore, sombra, espaços de lazer e de convivência. As igrejas evangélicas construíam templos enormes, o que era contrastante com as casas, mas o povo se sentia atraído por isso. Eu estava inserida numa concepção de igreja onde primeiro se formavam os indivíduos, o templo era irrelevante, e para concorrer com os neopentecostais, movimentos como a Renovação Carismática e Canção Nova vieram com tudo, arrebanhando o povo.

Certa vez, enquanto acompanhava um dos jovens, também negro, para um curso de política na Casa da Juventude, em Goiânia, passamos em frente à Universidade Católica de Goiás. Ele olhou para o prédio e perguntou-me: "Será que um dia eu vou estudar aqui?". Respondi-lhe com peso no coração, mas com a esperança que, por pirraça, nunca morreu em mim: "Tenho certeza". Anos mais tarde seu pai ganhou as eleições no bairro para vereador e ele pôde fazer o curso de enfermagem naquela universidade. Contei-lhe dessa conversa anos mais tarde, mas ele nem se lembra.

No último bairro onde morei antes de deixar a vida religiosa, em 2005, também conheci outro jovem de dezessete anos, negro, cheio de curiosidades, que não perdia um encontro, curso ou passeio que oferecíamos no convento. A ele, que era dos mais calados e dos mais atentos, certa vez propus acompanhar-me numa aula na Universidade Federal, curso de Ciências Sociais. Ele aceitou prontamente. Era a primeira vez que ele assistia a uma aula numa universidade. Eu queria que ele se sentisse perto, fisicamente e afetivamente, daquele espaço que lhe pertencia por direito, pois, quando eu era criança ouvia sempre da minha tia, sobre os jovens universitários do seu bairro, frases como: "Fulano teve que vender um carro para pagar um livro na universidade". Na periferia, sequer ouvia isso, aumentando ainda mais o abismo real e simbólico entre nós, pobres, e esse mundo que achávamos que não era para nós. Eu nem ousava sonhar com uma universidade pública até entrar para o convento. Esse jovem, então, me acompanhou e ficou a manhã toda. Meu medo era de que os professores o tratassem mal e o afugentassem de vez, mas não foi assim, um deles até perguntou o seu nome. No final do ano ele passou em duas universidades, cursou História e hoje é um grande artista.

Não existe outro meio, para pobres e negros, de ascensão social e superação do passado de escravização que não passe pela Educação. Não há outro caminho de libertação. Alguns podem até dizer que os jogadores de futebol venceram através do esporte. Eu não chamaria de vitória grande parte daquelas trajetórias que construíram fortunas e se esvaziaram de empatia para com a própria gente, em geral preta, dos grotões desse país.

Lyon, 18 de outubro de 2019.

Penso como vão as coisas por aí, pois as notícias que me chegam do Brasil não são nada agradáveis.

Hoje escrevo para lhe dizer como escapei da periferia. Aos doze anos, por não aguentar mais a violência física do meu pai e aquela psicológica da minha madrasta e do ambiente em geral, procurei o padre de uma paróquia distante para lhe contar sobre minha vida, mas saí de lá com um terço na mão e o conselho de rezar todos os dias para que Deus me ajudasse a encontrar meu caminho. Era o máximo que ele podia fazer. Também pedi ajuda para a coordenadora pedagógica da minha escola e ela olhou-me como quem olha a própria empregada, querendo dizer que meu lugar era aquele mesmo, o da dor e da pobreza e não havia nada além daquilo. Pessoas que me queriam no lugar da resignação não faltaram no meu caminho.

Certa vez, uma vizinha diarista, sem ter com quem deixar seu bebê para dar faxina, pediu-me para ficar com a menina. O combinado era que eu a entregasse na casa de sua patroa no final do dia. Ao chegar com a criança, a patroa, mulher branca, proprietária de uma chácara na região e estilista de vestidos de noiva, recebeu-me com a seguinte frase: "E você mocinha, já conseguiu uma casa para trabalhar? Já tem idade". Ela não me viu como potencial estudante, aprendiz de balé, piano, línguas estrangeiras ou mesmo para estar em casa, protegida, mas como empregada doméstica e serva. Era esse o meu único destino imposto pela sociedade e parecia não haver saída. Para muitas, de fato, não houve.

Fugi da casa do meu pai e fui buscar refúgio na casa da minha tia, no bairro onde ficava o seminário onde nos conhecemos. Essa tia tinha a melhor condição financeira da família. Peguei um ônibus aos doze anos completamente só, atravessei a BR Fernão Dias e cheguei até lá. Era um bairro de classe média e foi ali que tive contato com outro rosto do Brasil. Já havia passado pelo sertão mineiro, pela periferia da grande Belo Horizonte e agora encontrava-me nesse bairro, com escolas de melhor qualidade, com corpos de pessoas que não eram massacrados pelo peso diário da vida, pois tinham lazer, entretenimento e viagens, podiam comprar tempo livre subjugando outras pessoas, ou investir em atividades criativas e culturais até então desconhecidas para mim.

Minha tia, também negra, estava ali não porque conseguiu comprar uma casa no bairro, pois ela e o marido dificilmente conseguiriam pela origem social dos dois. Ela morava ali porque comprou um lote em uma área que valorizou muito com os anos, recebendo indústrias e infraestrutura. Assim, as casas foram se adaptando à nova realidade e a posse de um imóvel naquele bairro virou coisa de classe média. O *status* de seus moradores também mudou e logo o bairro atraiu aqueles que tinham dinheiro e, como em toda configuração social, as pessoas conformam comportamentos, valores e crenças ao ambiente social devido à coesão, adquirindo *habitus* típico dela.

Seu marido construiu um pequeno comércio, estabeleceu-se enquanto comerciante e foi convidado pelo dentista do bairro para fazer parte da maçonaria. O mesmo dentista que, uma vez, deu-me um beijo na boca enquanto eu fazia um tratamento dentário, sentada em sua cadeira e, novamente silenciada e humilhada, nunca mais voltei. Eu lhe contei sobre isso na época e você sorriu dizendo: "Que safado!". Mas, ao ver meu rosto de desaprovação, você completou: "Dá-me o endereço dele que vou até lá". Achei interessante as duas reações, primeiramente de deboche e depois de uma possível resolução através da violência. Acho que ali, ainda sem entender, você expressou os dois tipos de masculinidade tóxica que os homens aprendem desde cedo.

Ao ter certo contato com a maçonaria, vi de perto pessoas com muito dinheiro, jovens em escolas particulares, falando outras línguas e estudando em boas universidades. Vi também o quanto os pobres das periferias são maltratados e se maltratam pela ausência de poder na sociedade, se devoram. Enquanto isso, a classe média branca ou embranquecida (era o caso da minha tia), que já se sentia superior, exercia sobre os moradores das periferias e favelas, sobre negros e negras, seus trabalhadores domésticos ou de seus comércios, poder e privilégio. Um bairro me separava do outro, apenas um bairro, e essa mudança foi abissal. Quando falo aqui na França que o Brasil é feito de compartimentos e que isso dita perspectivas de futuro, é difícil para um francês acessar essa informação.

Vou lhe falar uma coisa para não parecer que eu estou idealizando a classe média ou o modelo burguês de família em detrimento das nossas. Não é isso! Conheci uma francesa aqui que se acha conhecedora da realidade brasileira e vive falando o quanto as famílias afro-brasileiras são disfuncionais, problemáticas e que na sua visão isso é herança da escravidão. Ela sequer se dá conta da sua família burguesa, pois parece que a burguesia não se olha, mas projeta seus males nas nossas histórias e realidades. Ela, por exemplo, casou-se duas vezes, o primeiro marido foi preso por porte de cocaína, a filha passou parte da vida depressiva, o pai não lhe permite entrar em sua casa depois da morte da mãe. E o problema são as nossas famílias afrodescendentes, não é? O problema sociológico disso é que a burguesia é aquela que nos olha e nos define, enquanto não tem ninguém para olhá-la e defini-la, porque os periféricos, na sua maioria, querem se tornar como ela. Cabe a nós expor as suas contradições, mas, se o povo quer se identificar com ela, diria Pasolini, quem é que vai olhá-la e perceber essa hipocrisia?

O meu primo, filho mais novo da minha tia, terminou o ensino médio em uma escola particular no centro de Belo Horizonte, frequentada por uma classe média alta. Ele recebia em casa seus amigos burgueses e ouvi várias histórias que eles contavam enquanto eu estava na cozinha, lugar onde passava a maior parte do tempo. Uma delas diz respeito a uma vez em que eles roubaram um extintor de incêndio de um prédio, no centro de Belo Horizonte, e saíram pela cidade dando "extintorzadas" nos passantes, sendo perseguidos e conduzidos à delegacia por policiais. A gente jamais poderia fazer uma coisa dessas, porque a nós nunca foi concedido sequer o direito de errar, quanto mais delinquir, ou terminaríamos presos e expostos nos jornais hegemônicos ou mortos pela polícia. Eu nunca pude ser inconsequente, jamais, teria sido o meu fim na primeira tentativa.

Nas escolas que frequentei nesse bairro tive acesso a livros, à literatura e a pessoas que liam e que já cursavam uma faculdade, embora isso ainda fosse inatingível para mim. A casa da minha tia havia sido montada e decorada tal qual as casas onde ela havia trabalhado como doméstica. Ela a mobiliou com móveis de primeira qualidade, barzinho com bebidas, inclusive whisky, prateleira com copos e taças, mesmo que a gente nunca usasse tudo aquilo. Tinha muitos livros na estante, mais por decoração que por utilização. Eu lia tudo, aproveitei essa oportunidade para mergulhar nos estudos sempre que tinha algum tempo livre. A única coisa que eu copiaria daquela casa, e que ela copiou de alguma patroa, é o baú de madeira de mogno no canto do seu quarto, que servia para colocar todos os documentos da família e as fotos, inclusive muitas da minha mãe que ela havia recolhido quando muitas pessoas dividiram entre si os pertences dela após sua morte, sem ao menos pensar que um dia poderíamos querer tê-los. Eu sentava diante dele sempre que ela não estava em casa e revirava as coisas que sobraram de minha mãe e como eu mudei de casa tantas vezes nunca tive carteira de vacinação, fotografias, recordações. Um baú, para mim, seria como juntar pedacinhos de recordações e guardá-las num canto da casa para acessar as lembranças sempre que a dor ou a nostalgia de "casa" batesse na porta da alma.

A classe média no Brasil existe afirmando-se superior aos estratos mais baixos e impedindo-lhes a todo custo de superar as fronteiras, reais e imaginárias. Vi isso em uma das escolas onde estudei, como falavam das favelas, alguns alunos falavam até dos funcionários dos pais, como era o caso de uma colega, filha de dentista. Ali adquiri modos e linguagem da classe média e quando voltava para visitar meu pai eu sentia a grande diferença entre os dois mundos.

O preço não foi baixo por estar ali e por mais que alguém tente se livrar das marcas da escravização, da senzala e da casa grande, elas se reproduzem e se refazem a todo instante na sociedade brasileira. Minha tia, mulher negra, havia sido empregada doméstica e babá das famílias ricas durante sua infância e juventude e havia incorporado a ideologia racista e elitista, reproduzindo-as quando ascendeu à classe média.

A forma de pertencimento a essa classe foi primeiramente exercendo poder sobre alguém que ela colocara abaixo de si, explorando, para, assim, construir a sua identidade de patroa. E como lhe faltava o atributo da branquitude, ela buscou formas de compensar isso com uma crueldade inimaginável. Desde que subiu na vida, procurou ter empregadas domésticas para dar-lhes ordens e dominar. Não lhe faltou mão de obra à disposição, pois quase todas as sobrinhas do interior passaram por lá, servindo-lhe sem salário, em troca de moradia e comida. Eu também fui essa figura de seu fetiche que lhe fez sentir-se "madame". Ocupei, aos doze anos, o lugar de minha irmã, que já morava com ela, e antes dela também a mais velha lhe havia servido por um tempo, fugindo depois de um ano para a casa de minha avó. Minha irmã ganhou uma nova posição dentro da casa porque era branca e preferida, sendo autorizada a trabalhar fora. Como éramos órfãs, a probabilidade de nos rebelar era muito pequena. Não conheci um quarto de empregada como espaço físico separado da casa, tínhamos o nosso quarto espaçoso e bem decorado, mas eu sei como é ser a menina que serve à família com o nome de "a menina que eu crio". Não sei o que é pior, essa linha nítida da diferença que marca a empregada dos patrões através do uniforme e do quartinho ou a hipocrisia de ser "quase da família". Não houve um dia que ela não me dissesse "você veio fugida, tem que agradecer que ainda te acolhi aqui, e se não tiver satisfeita volte pra casa do seu pai".

Eu tinha hora para levantar e não podia passar das sete da manhã, mesmo aos domingos e feriados. Precisava limpar, arrumar e não podia repousar durante o dia, tampouco assistir televisão, usar telefone, sair de casa, tirar férias, receber amigos, visitá-los ou comer o que eu queria. Aliás, eu não podia ter amigos. Quantas vezes tive que recebê-los no portão de casa sob os olhares atentos dos donos da casa. Não podia reclamar, sequer ficar triste, pois quando ela via a tristeza nos olhos seu sadismo aumentava. Não podia ir a festas e como a vida dela tinha sido uma grande sabotagem ao gozo e à felicidade, tanto com meus avós quanto nas casas de famílias abastadas, ela fazia questão de nos lembrar disso e nos fazer provar do seu sofrimento como modo de aliviar a própria dor. O gosto pelo poder é algo que me intriga desde quando comecei a observar nela esse prazer, mesmo tendo passado pela mesma situação à qual me submetia.

Durante a festa de aniversário de quinze anos de uma prima, eu dançava com um rapaz, assim como todas as meninas na festa, esquecendo que qualquer contato com o sexo oposto era proibido. Fui surpreendida pelos braços dela que me arrastaram da sala e, sob o olhar das pessoas, colocou-me no carro. Eu ousara ser feliz e isso era uma afronta. Não imagino as torturas que aquela mulher passou para carregar consigo tanta amargura e crueldade, mas, às vezes, quando ela contava que só podia se alimentar nas casas onde morou depois dos filhos dos patrões, entendia seu modo de desvincular-se da dor colocando no seu lugar outras meninas.

As histórias em torno da comida nas casas das famílias abastadas eram as mais frequentes e eu passei a entender a sua obsessão na hora das refeições para que os filhos comessem mais que o necessário. Eu e minha irmã tínhamos que nos servir depois dos dois. Esses, por sua vez, a cada dia aumentavam de peso a olho nu. O jeito que ela encontrou de amenizar a dor da humilhação foi alimentando-os até a exaustão. Não entendia onde cabia tanta comida no estômago daqueles meninos, mas via sua satisfação quando comiam sete ou oito pastéis de uma só vez, enquanto eu observava aquele espetáculo grotesco. Tudo era muito controlado naquela casa, a geladeira era um lugar de onde deveríamos passar longe e eu nem ousava desobedecer. Nada ali me fazia sentir-me em casa e não havia paz, nem para mim nem para ela, pois sua vida era descarregar sua dor em quem ela achava ser o lado mais fraco e inferior, posição que ela sabia muito bem.

Umas das grandes marcas que carrego foi ter interrompida minha infância de forma brusca aos onze anos quando sai da casa de minha avó e aos doze já era "doméstica". A essa idade, durante um jantar na casa de uma família conhecida, um homem de 28 anos se interessou por mim, eu, que apenas havia menstruado e meu corpo sequer tinha se desenvolvido, já era vista para casar. Foi então que ela e o marido empurraram esse homem para mim, porque possuía um carro e um apartamento e, segundo eles, eu estaria garantida na vida. Mal sabia o que era isso, mas aos treze anos comecei a namorá-lo depois de muita insistência. Tinha nojo de beijá-lo e tocá-lo e se tem algo que me embrulhava o estômago era quando ele colocava a língua no meu ouvido, simulando penetração. Comecei a elaborar um plano para que ele terminasse o namoro, pois se partisse de mim sofreria punição. Comecei a olhar para outros homens na rua quando estava com ele e funcionou. Ele desapareceu, mas primeiro difamou-me na família chamando-me de "vadia" e "mulher fácil". A frustração da minha tia foi grande, pois esse homem, em toda a história das sobrinhas que passaram pela sua casa, foi o único a receber autorização para dormir sob seu teto.

Ela e o marido, irmãos maçons, cristãos e espíritas ao mesmo tempo, disputavam entre si as práticas de sadismo como sinal de quem subiu mais na vida, típico da classe média brasileira e da elite. A história dele não a conheço, mas sei que o fato de ser homem branco e usar isso como uma posse lhe conferia um ar de superioridade e arrogância que me dava náuseas. A branquitude do marido era para ela, mulher negra, um sinal de ter vencido na vida e do seu pertencimento à classe média. Seus filhos não ficavam de fora dessa dinâmica perversa, pois o primeiro, negro, era para lhe servir o ego; o segundo, branco, tinha o ego para ser servido. Meu primo mais velho não tinha coragem de romper a dinâmica de opressão da família, às vezes até tentava ser diferente, principalmente quando os pais não estavam, mas vendo que não era forte o suficiente, aderiu ao ritual sádico da família e bastava que eu o olhasse para que ele descarregasse em mim toda sua fúria através de socos. Meu corpo negro de menina servia para o expurgo da família, eu era uma "janela quebrada".

A teoria das "janelas quebradas" foi um experimento da Psicologia Social nos Estados Unidos em que pesquisadores colocaram um carro com as janelas quebradas em dois bairros diferentes, um deles pobre e violento e outro considerado seguro e da elite. Ao ver os vidros quebrados, os moradores trataram de vandalizar o resto, retirando rodas, pneus, destruindo-o completamente. O experimento concluiu que a qualquer sinal de degradação é preciso intervir para que não se aprofunde. Quando li sobre isso pela primeira vez entendi que meu corpo foi visto, desde muito cedo, como um corpo para ser violado e ao longo da vida essa violência somente se acentuou, pois posso comparar o vidro quebrado à perda da minha mãe, à ausência e negligência do meu pai, aos meus traços racializados, à minha classe social e, sobretudo, ao fato de que nenhum adulto se dispôs a realmente assumir a responsabilidade pela minha vida nas fases cruciais de desenvolvimento. Sem suporte, eu era o corpo ideal para ser violado, o lugar do exercício da violência.

Nunca passei um dia naquela casa sem ouvir que meu lugar não era ali, que se eu quisesse voltar para a casa do meu pai as portas da rua estavam abertas. Apesar disso, naquele espaço que não ouso chamar de lar, ainda havia uma escola de qualidade, refeições na hora certa e não precisávamos nos preocupar com a sobrevivência. Uma das experiências mais marcantes de abandono e perversidade que vivi naquele período foi o dia em que minha tia mandou-me deixar o hospital, depois de uma cirurgia de retirada de um cisto, ainda tão nova, com uma dezena de pontos no corpo, e tomar um ônibus, mesmo tendo dois carros na garagem. Ao chegar em casa, precisei trocar as roupas e reiniciar os trabalhos domésticos sem poder recuperar-me do pós-operatório e sequer pude voltar para continuar o tratamento, carregando uma cicatriz que não pôde ser tratada devidamente. Era assim que ela havia sido torturada pelo meu avô e nas casas de famílias.

A maçonaria era o auge da ascensão social para os meus tios. Ela, sobretudo, não conseguia disfarçar o desconforto nas reuniões das esposas dos maçons, por ser a única negra e por ser de origem pobre. No fundo, ela sabia que aquele não era o seu mundo, mas estava ali, forçadamente, muito mais pelo marido. Havia ascendido economicamente, mas não tinha nenhum capital cultural, então, quando abria a boca era para criticar alguma coisa, pois era esse o seu modo de se inserir e sentir-se útil. Inúmeras vezes fui nesses chás da tarde, aos sábados, nas casas de senhoras ricas. Quanta hipocrisia e quanto ego! Eram horas para organizar eventos beneficentes para os mais pobres enquanto suas empregadas trabalhavam sem carteira assinada. Elas acreditavam que a pobreza era resultado da falta de esforço na vida. Tanto desperdício e tanta futilidade, foi a primeira vez que vi a classe média de perto. Analisei-a e olhei-a nos olhos, desde suas falas, comportamentos, roupas e gostos e não senti vontade de me tornar aquilo, nunca senti vontade de me identificar com ela, pois era um mundo autocentrado. Enquanto lá fora, a outra realidade que eu conhecia bem se devorava para mantê-la naquela posição de superioridade.

    Eu não almejava fazer parte daquilo, nunca almejei, acho que isso me protegeu do sentimento de inferioridade, o que eu queria mesmo era estudar, isso sim. Em casa, o assunto era a profissão dos irmãos maçons, as casas luxuosas e as roupas das madames. Sentar-se com essa gente à mesa fazia meus tios se sentirem vencedores. Ela também teve um filho branco, o qual colocara num pedestal como sinal de sua ascensão social a uma branquitude não hereditária, mas por intermédio de um homem branco. A relação dos meus tios era marcada por abuso, mas ninguém tinha consciência disso. Às vezes ele nos dizia, diante dela, que ninguém deveria se casar por amor, mas com alguém que deveria ajudar a subir na vida. Ela ficava em silêncio, mas acho que no fundo sofria por saber que não fora escolhida por amor. Os dois se conheceram em uma padaria. Ela trabalhava como balconista e ele era cliente. Certa vez, como ela nos contou, ele a convidou para sair e como ela não apareceu no horário e local combinado, sua estima por ela aumentou, chegando a lhe pedir em casamento, dizendo que via nela uma mulher séria e trabalhadora. De fato, ela era e, como gostava de dizer, carregou muito tijolo para construírem a casa onde moravam. Ele vira nela uma mulher para lhe ajudar a subir na vida, trabalhar duro, e não para ser protegida e amada. Dificilmente homens brancos amam mulheres negras; homens negros também não.

    Um dia parei de sorrir. Acho que ela se sensibilizou e num lapso de humanidade disse-me: "Vai visitar aquela sua amiga da escola que volta junto com você, pois vejo que com ela você sorri muito". Bom, ela, então, sabia que eu podia sorrir e sabia também como podar o meu riso. Meu refúgio foi a Igreja católica, pois era o único lugar onde era permitido ir e que eu sentia algum conforto.

Penso na omissão dos adultos ao meu redor: familiares, vizinhos, professores, médicos, pois todos viam o que acontecia, mas preferiam o silêncio. O pacto social das sociedades é aquele do silêncio para manter as formas de opressão e o funcionamento das instituições, muito mais que a renúncia ao uso da violência, como diz Hobbes. Alguns renunciaram, outros nunca. Mas, o silêncio é quase unânime e é o que mantém as estruturas de pé: racismo, patriarcado e capitalismo.

Certa vez, eles levaram-me ao centro espírita do qual participavam e eu pensei que seria a minha chance de pedir ajuda a algum espírito do bem. Quando chegou minha vez de "consultar" com uma das "entidades", desabafei, sem dar-me conta de que minha tia estava atrás, escutando tudo. Ela interrompeu a "consulta", fazendo calar até mesmo a tal "entidade", que no final lhe dera razão, balançando o tempo todo a cabeça afirmativamente para tudo o que ela dizia. Nem nos "espíritos" eu podia confiar! A ira dela foi tão grande que me mandou de volta para a casa do meu pai, mas, ao invés de dizer isso, pediu que minha irmã fizesse no lugar dela e, por muitos anos, culpei-me pensando que tivesse entendido errado o pedido para deixar aquela casa. Essa é uma estratégia dos senhores de escravos, colocá-los uns contra os outros para se odiarem, para fazerem mal uns aos outros, dividi-los e, assim, melhor dominá-los. A volta para a casa do meu pai, aos quatorze anos, quase me partiu ao meio e eu chorei a primeira noite toda. Meu pai entrou no quarto, veio até mim e com as costas da mão acariciou-me o rosto, em silêncio, como para dizer: "Sinto muito, mas não posso lhe ajudar, é o máximo que consigo fazer por você" e saiu em silêncio. Já havia entendido, muito cedo, que ele não tinha realmente nada para dar e que com ele não podia contar, mas aquele gesto de empatia comoveu-me, pois foi uma das poucas vezes que ele a demonstrou.

Fiquei um ano ali, deixei a escola que eu amava, os amigos, os vizinhos de quem eu gostava e matriculei-me em uma escola noturna em outro bairro para trabalhar durante o dia. Na sala, eu era a mais nova, pois a turma era composta por adultos e jovens que haviam interrompido os estudos por diversos motivos. Nesse ano eu não tive Matemática, Física ou Química, pois não havia professores, e essa lacuna senti anos mais tarde. Dessa escola guardo na memória o rosto de um rapaz, trabalhador operário da Fiat Automóveis, que repetia todo o ensino médio porque, segundo ele, amava estudar e pedira à diretora para frequentar as aulas noturnas novamente. É inacreditável como até poucos anos atrás, nós, pobres, não cogitávamos a universidade como objetivo de vida. Esse país nos negou o direito de nos projetar nesses espaços por séculos, seja materialmente ou como ideal de vida.

Arrumei emprego em uma padaria e começava às cinco da manhã. Lembro-me do frio que sentia ao sair de casa e ao chegar à escola à noite, depois de passar horas em pé, sem poder sentar, atrás do balcão, simplesmente adormecia. Retornava quase meia noite, a pé e sozinha, minha memória corpórea se lembra do medo de adentrar o bairro no escuro, pois as ruas não eram iluminadas, correndo o risco de ser violentada. Os filhos do patrão, que moravam no mesmo bairro da minha tia, às vezes trabalhavam no caixa meio período, vinham de uniforme e no horário certo, tomavam um ônibus e iam para as suas escolas particulares. É esse tipo de gente que hoje me diz "eu comecei a trabalhar muito cedo na vida e não morri". Eu também comecei, e quase parti ao meio. Existe uma grande diferença entres as duas realidades: trabalho sob tutela e proteção dos adultos, horário garantido para o estudo, lazer, um lar aconchegante para onde voltar etc. e o trabalho que eu fazia. Anos depois, um dos filhos que eu via sempre no estabelecimento, tornou-se um pequeno empresário, assim como o pai.

Eu estava cansada de lutar sozinha, de não pertencer a lugar nenhum, de quebrar vínculos e deixar lugares que eu gostava. Meus livros ficaram para trás, a biblioteca da escola, meu quarto, minhas bonecas, e isso foi devastador. Eu já era moça, meu corpo tinha mudado, minha mente e a visão de muitas coisas também. Ao chegar ao bairro, uma vizinha disse-me com um bem enorme na voz e no olhar que se eu quisesse podia investir em um bom casamento, pois eu tinha a pele mais clara que a sua.

As perspectivas ao redor de mim não eram nada promissoras e ao completar quinze anos, no dia do meu aniversário, sem que ninguém tivesse se lembrado, depois de ter sonhado por anos com uma festa de debutante, tentei suicídio. Eu não lembro por quanto tempo lutei contra a morte e a qual fio de vida agarrei-me, mas fiquei dias na cama, no quarto, desacordada devido aos remédios que ingeri, sem que ninguém notasse, e ao retomar os sentidos juntei o que havia de forças e fui para um hospital. O diagnóstico do médico foi de gastrite aguda. Voltei para casa com uma receita, um coração sangrando e a certeza de que se eu caísse de novo, ficaria no chão. Passados alguns dias depois disso, minha tia apareceu procurando por mim, pois precisava de alguém para trabalhar na casa, já que ela havia liberado minha irmã para o mercado de trabalho, exigindo dela parte do seu salário. Agarrei aquela chance com unhas e dentes mesmo sabendo que os castigos e o sadismo aumentariam, pois era como o escravo fugitivo voltando para a senzala. Assim foi, mas dessa vez eu estava disposta a resistir e a elaborar um plano de fuga daquela casa, da minha família e daquela cidade.

 Voltei para a mesma escola que eu havia deixado e via com lentes engrandecidas a diferença de classes, de bairros, de gostos, de valores etc. Meus colegas ali tiveram tempo de ser crianças e adolescentes, enquanto na periferia a maior parte das meninas da minha idade já eram mães e trabalhavam cedo. Abuso existia também nas famílias mais abastadas. Ao retornar para essa escola, com uma postura de menina madura, as colegas viam em mim uma conselheira. Uma delas, cuja face nunca esquecerei, tão magra e tão pálida, revelou-me que seu pai a violentava diariamente, um vereador do bairro. Um ano depois, outra colega de classe contou-me dos abusos cometidos também pelo pai e como minha tia conhecia bem a família cheguei em casa ofegante e contei o que ouvira, mas fui repreendida: "Cuidado com o que fala, pois ele pode vir pegar você também". Algo em mim ainda estava vivo e não via com normalidade todas aquelas histórias de abuso. Como eu desejei que existisse o Estatuto da Criança e do Adolescente na minha infância, conselhos tutelares e educação sexual na escola, mas isso veio mais tarde, e mesmo não existindo quis muito ter encontrado pelo menos pessoas indignadas com as injustiças ao redor.

 Como as mulheres da minha família se engajavam em favor do patriarcado com tanta crueldade contra outras mulheres é algo que ainda hoje me intriga, pois o ganho, para falar a verdade, era realmente pouco. Teve uma vizinha, menina linda com quem, às vezes, eu brincava na rua quando não havia ninguém em casa, que acabou engravidando aos quatorze anos. Fui proibida de vê-la e até de falar com ela. Foi horrível ver seus olhos azuis grandes no portão chamando por mim e eu ter que me esconder. Quando sua filha nasceu comprei uma roupinha para ela escondida da minha tia, mas fui descoberta e repreendida com uma fúria desproporcional ao meu gesto de solidariedade.

    Vivi por muitos anos com a sensação de que ela era onipresente e onisciente, que tudo via e sabia, pois eu era vigiada em tudo, cada gesto e passo eram controlados. Essa sensação criava em mim uma grande insegurança, nos primeiros anos após deixar o convento, quando comecei a frequentar discotecas e festas pela primeira vez, via seu rosto na multidão, perseguindo-me. O sentimento de culpa por divertir-me era tão grande que muitas vezes eu acabava a noite mais cedo e voltava sozinha para casa, sem meus amigos.

Lyon, 19 de outubro de 2019.

Como lhe dizia, comecei a elaborar um plano de fuga e a pesquisar vários colégios internos, mas eram particulares e não havia ninguém para pagar-me os estudos e a saída de casa. Num domingo de março meu dia chegou e foi durante a missa, quando o padre, o mesmo que nos fez encontrar um com o outro, anunciou que teria um encontro vocacional para quem quisesse seguir a vida religiosa ou descobrir sua missão no mundo. Aquilo me caiu como um milagre à época. Após participar daquele encontro e assistir ao filme "O anel de tucum", escrevi para o convento. Senti o coração aquecer e longe de ter sido um "chamado de Deus", como havia acreditado por anos, era um chamado para ir embora e salvar-me. Após o envio da carta, esperei meses pela resposta que nunca chegou. Porém, também numa manhã de domingo, enquanto eu lavava roupa, a campainha tocou e dirigi-me ao portão para ver quem era, com a blusa ainda molhada. Ao abri-lo me vi diante de uma freira alemã de olhos tão azuis e do padre da minha paróquia. Não sabia se os convidava para entrar, mas como era o padre, ao vê-lo, minha tia logo os chamou para dentro.

Conversei com essa freira e depois dessa visita recebi outras. Da segunda vez, porém, minha tia foi imensamente mal-educada e hostil, pois não tinha o padre. Seu interesse, na primeira visita, era todo nele, um homem com poder simbólico entrando em sua casa lhe proporcionava prestígio. Numa das visitas ela quase colocou tudo a perder, dizendo à freira que me levasse logo senão que esquecesse aquelas visitas. No meu íntimo torcia para que o que minha tia dissesse não influenciasse em minha ida. Passei um ano me preparando e, nesse período, fui visitar a congregação em Goiás, sozinha, de ônibus. Como consegui a permissão? Meu tio sofreu um acidente grave, foi atropelado por um caminhão e precisou ser internado durante três intermináveis meses. A maior parte do tempo fui eu quem o acompanhei no hospital e, no momento em que ela demonstrou alguma gratidão, pedi-lhe a viagem. Olhando para mim, extremamente cansada e com o resto de humanidade que ainda lhe sobrara, a resposta foi positiva. Também foi a primeira vez que lhe pedia algo. Para conseguir o dinheiro da viagem escrevi uma carta me passando pelas freiras, dizendo que elas pagariam a passagem, enquanto isso, pedi o dinheiro a um inquilino da minha tia que morava em uma das suas casas no fundo do lote. Ele era um homem muito generoso, sem vínculos com ninguém, nem família, nem amigos, cujo salário era todo para ela. Então, li a suposta carta que eu mesma havia escrito como se fosse do convento e como ninguém questionou o plano, comprei as passagens e parti para Goiânia. A viagem de ônibus durou quatorze horas, eu, ainda menor de idade, ganhando o mundo em direção a Goiás, terra que amo, que me acolheu e onde vivi os melhores anos de minha vida, foi onde me reinventei e ressuscitei.

Foi uma experiência que nunca esquecerei: mulheres sem homens que conversavam sobre vida, política, Deus, livros, num ambiente de paz e respeito, além de muitas gargalhadas, uma escrivaninha só para mim e muitos momentos de leituras e reflexões. Não tive dúvidas de que deveria viver ali. Quando estava lá, liguei para minha tia dizendo que ficaria mais uma semana e ao voltar para "casa" ela aguardava-me com aquela violência gratuita e desmesurada. Na volta, porém, o grupo de jovens da paróquia estava na rodoviária à minha espera, com festa e abraço, mas o que me esperava dentro de casa era pior do que eu havia deixado.

Sabia das consequências que teria prolongando a viagem e estava disposta a pagar o preço. A felicidade a incomodava, mas a possibilidade de perder o objeto que lhe fazia sentir-se madame ainda mais. Ao entrar em casa nenhuma palavra de acolhida, somente um olhar de ódio. Dirigi-me para o quarto e dormi. No dia seguinte, fui acordada mais cedo que de costume para a limpeza da casa. Seu sadismo começou a ser aplicado no raiar do dia. Nunca a vi tão cruel como naquela manhã. Ela não saía do meu lado, pronunciando palavras ofensivas enquanto eu prosseguia com o trabalho da casa. Num dado momento, joguei o pano de prato na mesa e disse: "Chega, aqui não fico mais!". Ela se assustou e tentou impedir que eu saísse. Na verdade, eu nem sabia para onde iria. Nesse tempo, minha irmã mais velha, já casada, morava em um bairro da periferia e fui lhe pedir abrigo até minha partida para o convento, que eu nem sabia quando seria. Foi nesse período que nos encontramos pela segunda vez, a primeira ainda morava com minha tia, já na segunda, no parque Municipal, eu acabava de sair da casa dela.

Mudei novamente de escola e matriculei-me no turno da noite e essa é uma das minhas maiores dores, pois eu amava aquela anterior, minha turma, professores e professoras, além da ótima qualidade de ensino. No dia da despedida fizeram uma linda festa para mim, com tantas cartas e manifestações de afeto. Novamente, estudando à noite, comecei a trabalhar para me manter na fábrica de colchão que mencionei em outra carta. Outro choque, outra queda, outro pedaço de mim que se desintegrou. Nesse período, porém, eu tinha um objetivo e isso me mantinha de pé. Na casa da minha irmã fiquei pouquíssimo, pois o seu marido, meu cunhado, uma vez, ao ver-me dormindo no tapete da sala, tocou-me os seios e, desde então, começou a se insinuar sempre que eu estava sozinha em casa. Fugi dali também, fiz as malas e fui para a casa de uma amiga que me acolheu no mesmo bairro da minha tia, o lugar mais próximo do sentimento de "casa" que eu havia adquirido.

Na casa da minha tia também sofri abusos. Meu tio, por quem nutro profundo desprezo, ao ver minhas pernas grossas e meus seios que cresciam, devorava-me com os olhos e não podia ver-me sozinha que se aproximava para tocar minhas coxas. Ela, que não era idiota, via a situação e seu ódio contra mim aumentava, ao invés de se voltar contra ele. Sabendo que se eu reclamasse seria mandada embora novamente, vivia fugindo dele dentro de casa, assim como fugia do meu avô e do meu cunhado. A solução que ela encontrou foi proibir roupas curtas e que marcassem o corpo, substituindo-as por grandes e largas camisetas e calças. Meu primo, o mais novo, seguiu o mesmo rumo do pai. Sabendo que naquela casa eu e minha irmã éramos os corpos feitos para descarregar as frustrações e exercer o poder de todos da família, ele entrava no nosso quarto à noite para se masturbar e penso que minha tia até sabia, pois nos proibia de fechar a porta. Ele só parou quando uma vez minha irmã se virou contra ele, atingindo-o no rosto.

Minha tia fazia distinção entre mim e minha irmã para que não criássemos solidariedade uma com a outra. Às vezes ela dizia que havia escolhido minha irmã para ir morar com ela, mas a mim não, eu havia chegado fugida. Outras, ela contava que sonhara que minha mãe lhe havia entregado um bebê para cuidar, a minha irmã, mas a mim não. E minha irmã sabia disso, mas para receber as migalhas de afeto também ficava contra mim. Participar do poder de oprimir alguém pode ser confortável por um período de tempo, mas é ilusão. Muitas vezes eu pensava em agir diferente, mendigar também algum reconhecimento através da bajulação como fazia minha irmã, mas nunca consegui e mais tarde reconciliei comigo mesma por não ter feito isso, pois até ela, a última a sair daquela casa, foi impedida de entrar nela de um dia para o outro, depois de anos de trabalho e dedicação, jogada na rua pelo meu tio com a conivência de todos os outros membros.

Casa é um assunto que me toca profundamente e ninguém como Toni Morrison exprimiu tão bem a angústia que sinto pela possibilidade de ficar na rua. Em *O olho mais azul* ela diz que para os nossos a ameaça de ficar na rua era algo frequente e se podia acabar na rua por qualquer motivo, porque se comia demais, por usar carvão demais, porque se bebia demais ou porque se era colocado para fora. E existe uma grande diferença entre ser colocado para fora e ser colocado na rua, não tendo para onde ir. A distinção que ela faz é a seguinte: "se a pessoa é posta para fora, vai para outro lugar, se fica na rua, não tem para onde ir. A distinção é sutil, mas definitiva. Estar na rua era o fim de alguma coisa, um fato físico, irrevogável, uma condição metafísica. Estar na rua era outra história, era fato concreto, como o conceito de morte e estar realmente morto. Um morto não muda e estar na rua é estar para ficar".

E você, já sentiu esse medo?

Lyon, 20 de outubro de 2019.

Uma noite antes da minha partida para o convento, você foi despedir-se de mim na casa da Rosa, mas eu tinha ido à festa "surpresa" que os jovens da paróquia haviam preparado para mim. Não era surpresa, pois antes disso passei na casa dos meus tios para encontrar com minha irmã e minha tia revelou tudo, estragando, assim, a emoção do momento. Ela era assim, uma destruidora de gozo e felicidade, tal qual fizeram com ela e, se eu não tivesse quebrado o círculo vicioso, teria reproduzido a mesma dinâmica. No entanto, permito-me ser feliz e deixo que os outros o sejam. Não sei o que provoca uma mudança interior nas pessoas para que elas cortem a reprodução dos abusos, alguns dizem que é necessária uma educação libertadora, outros dizem tratar-se de uma escolha muito íntima. Talvez seja um conjunto de tudo isso. Desde muito cedo alguns valores nos guiam mais que outros e para mim a justiça é um deles. Vi muitos dos meus amigos receberem uma educação libertadora nas escolas, nas comunidades eclesiais de base, mas ao sentir o gosto do privilégio e do poder, mesmo participando só indiretamente deles, mudavam completamente.

Não nos despedimos. Queria que você tivesse me levado na rodoviária, mas eu entendo que era demais para você ver-me partir. Alguns amigos me levaram e eu peguei o ônibus para Goiânia. Meu pai apareceu, lembrei-me disso anos depois. Chorei a viagem inteira e sei o peso das palavras cantadas por Oswaldo Montenegro: "Eu conheço o medo de ir embora, não saber o que fazer com as mãos. Gritar para o mundo e saber que o mundo não presta atenção". Ao meu lado viajava uma mulher negra, com longas tranças rastafári que me perguntou o porquê das lágrimas e lhe contei os motivos da viagem. Ela tirou da bolsa um papel e uma caneta e escreveu seu número de telefone dizendo que eu poderia lhe telefonar caso precisasse e contou a sua história de vida também. Disse que saíra de Belo Horizonte muito cedo para ser doméstica de uma família em Goiás e, trabalhando na casa durante o dia, à noite conseguiu estudar e se formar em magistério, tornando-se professora do ensino fundamental. Nunca esqueci aquele gesto e aquela mulher desconhecida que me ofereceu tanta compreensão naquele momento. Pelo menos eu tinha um contato caso não desse certo no convento. Deveria ter telefonado ao menos para agradecer, disso me arrependo.

Passei a noite olhando a paisagem escura pela janela. O trajeto Goiânia-Belo Horizonte percorri por muitos anos e era sempre a mesma sensação de solidão. Em Goiânia, sempre tinha uma das freiras esperando por mim na rodoviária, em BH nunca houve ninguém. Nunca esperei nada das minhas irmãs e nem do meu irmão, pois cada um estava lutando para sobreviver e juntar os pedaços de si, para construir a própria casa no mundo, as duas, a física e a emocional. Não sei se conseguiram, porque eu ainda luto e quanto mais vivo mais me dou conta de que um lugar ou uma posição onde chegar ou simplesmente repousar não existe.

Cheguei em Goiânia de manhãzinha. Minha nova vida começaria cheia de esperança, angústia, desejos e sonhos. O primeiro ano foi dos mais ricos, um mundo se abriu para mim e você estava presente o tempo todo. Pensei em você todos os dias daquele início. Escrevi-lhe, lembra? E ainda copiei toda a canção de Legião Urbana, "Vento no litoral", que expressava o que eu sentia e você zombou do papel verde, volumoso que foi dentro do envelope enviado pelos correios. "Já que você não está aqui, o que posso fazer é pensar em mim. Quero ser feliz ao menos... Lembra que o plano era ficarmos bem."

Vi todos os filmes que você me sugeriu e li livros maravilhosos que minha primeira formadora me emprestara. Terminei o ensino médio em Goiânia, estudando pela manhã e à noite, para recuperar matérias que não tinha na minha grade curricular, e à tarde trabalhava na creche da paróquia. O convento me pagava 55 reais por mês por esse trabalho, o que dava somente para comprar meu passe escolar e alguns objetos de higiene pessoal. Foi graças ao dinheiro que juntei do trabalho na fábrica que consegui me manter naquele primeiro ano.

Quando voltei de férias pela primeira vez, no meio do ano, já sentia que um pedaço de mim ficara em Goiânia. As freiras decidiram que me dariam somente o dinheiro de ida até Belo Horizonte e eu precisaria conseguir a passagem de volta, sem sequer me perguntarem como. Assim, além dessa preocupação, a outra foi confrontar-me com o fato de que eu não tinha uma casa para voltar de férias e não me sentia em casa em nenhuma daquelas pelas quais passei. Por falta de opção, cheguei na casa do meu pai e novamente tocou-me as feridas todas as lembranças do lugar. Logo nos primeiros dias, presenciei sua violência gratuita contra minha irmã no dia do aniversário dela. Naquele momento peguei a mala e fui para a casa de uma amiga. Você me abraçou forte e com saudades. Falamos de tantas coisas. Foi quando você chorou pela primeira vez no meu ombro. Acolhi seu pranto, mas espero que entenda que era demais para uma menina da minha idade. Eu já sentia todo o peso do mundo nas minhas costas e enquanto você lutava pelos seus sonhos de estudar e ter uma carreira, eu lutava para me refazer, construir minha casa internamente e encontrar um lugar para viver em paz.

No final desse primeiro ano, você telefonou-me no convento pela primeira vez. Enquanto falávamos tive a intuição de que minha formadora estava escutando toda a conversa. Foi então que saí da sala puxando o longo fio do telefone e entrei na cozinha, deparando-me com ela que escutava toda a conversa, enquanto você do outro lado só sentia meu silêncio, pois eu estava estupefata com a presença dela ali, quase atrás da porta. E nesse átimo de segundo você desligou na minha cara, sem que eu pudesse explicar o que estava acontecendo. Falei de você para ela, da paixão que eu sentia, mas ouvi o seguinte: "Eu não quero saber disso, mas da sua relação com Deus".

O segundo ano de convento foi o mais difícil, pois sentia tanto a sua falta. Mas havia ganhado uma amiga que chegou do Tocantins, mulher negra, de uma sensibilidade enorme, tão igual e tão diferente de mim. Ela vinha de outra realidade que eu sequer imaginava existir, com ela podia falar sobre tudo, tudo mesmo. Foi aí que me abri sobre você e o meu sentimento parado na garganta. Com ela, eu ria e chorava porque ela também havia deixado um grande amor e como sobrevivente da escravização também conhecia na carne as feridas que esse Brasil inflige aos negros e negras. Seu pai, homem negro, não suportara as marcas do cativeiro, suicidando-se; seu único irmão também não suportara e cometeu o mesmo desatino do pai; já a mãe, também negra, enlouquecera. Ela, tentando lutar, com uma intuição de que em algum lugar haveria vida, juntou-se a nós um ano após minha chegada. Íamos à feira juntas e comprávamos verduras e frutas, às vezes uma fita K7 de MPB que ouvíamos à noite no toca fitas que eu havia comprado com o dinheiro que juntei da fábrica para levar para o convento. Eu mostrava a ela as minhas preferidas e ela as suas. "Vida cigana" era a nossa música no segundo ano de convento, mas você nunca soube disso. Ficávamos uma no quarto da outra até tarde conversando. Ouvi pela primeira vez o que se passava no verdadeiro quartinho da empregada, pois ela havia vivido anos em uma família de classe média. Foi lá que ela teve sua primeira relação sexual e, por mais que ela dissesse que fora consensual, eu via nos olhos que não fora. Dessa casa ela saiu depois de anos sem nenhum direito e muitas marcas. Só hoje entendo por que ela havia seguido a religião da patroa, a católica. Quando ela saiu do convento, antes de mim, acho que levou um pedaço da minha vocação.

Eu me arrependo de não tê-la defendido quando caminhávamos pelas ruas junto com outra freira alemã e ao tentar nos abraçar ela recebeu reprovação, pois, segundo a freira, aquilo não era postura de uma mulher consagrada. Era uma demonstração de afeto e sede de contato, mas ela fora podada de forma tão moralista. Outra vez ela fora advertida sobre suas roupas estreitas que lhe marcavam os seios fartos e belos, levando-a a uma grande tristeza e sensação de inadequação. Dias depois ela apareceu com roupas largas, escondendo-lhe a beleza. Não tive problemas com minha vestimenta, pois adquiri esse costume de esconder o corpo na casa da minha tia depois dos abusos do marido e do filho dela. Até minha dificuldade em tocar e abraçar era interpretada como sinal de vocação e coerência com o estilo da vida religiosa.

A diferença de tratamento entre as iniciantes no convento era nítida. Eu fui tratada de forma privilegiada por ter vindo do sudeste do país e porque, segundo a formadora, a primeira freira que fora me visitar, quando eu ainda morava com minha tia, eu era diferente, pois na sua visão, na minha casa tinha livros e eu não vinha da pobreza, como ela dizia. De acordo com ela, quanto mais pobres eram as aspirantes à vida religiosa, mais exigentes eram. Uma vez ela disse que eu parecia um "chefe de tribo", diferente das outras. Acho que o fato dela não conhecer toda a minha história poupou-me de ser tratada como uma a menos. Existem silêncios que nos protegem, esse é um deles.

Senti tanto a falta da minha amiga quando ela se foi que me senti de novo abandonada. Sempre perdia as pessoas que amava. Nos primeiros anos após sua saída escrevíamos cartas uma para a outra e tocou-me uma em particular, em que ela dizia ter conhecido o inferno de perto, pois tinha caído numa depressão profunda. Eu a entendia, aliás, por infernos já passei por vários. Em outra carta ela enviou-me um poema de Neruda que se tornou meu hino nos momentos de angústia. "Se cada dia cai, / dentro de cada noite, / há um poço / onde a claridade está presa. / Há que sentar-se na beira / do poço da sombra / e pescar luz caída / com paciência."

Quando ela passou por Goiânia, indo visitar sua família no Norte, enchi-me de alegria, nos abraçamos forte e choramos juntas. Ela, com aquela mania de cuidado, se ofereceu para fazer minhas unhas, atividade que a possibilitava viver. Assim, sentou-se no chão com uma camiseta sem manga apertando os seios grandes e lindos, voltando a irradiar luz pelo corpo. Uma das freiras entrou na sala e a viu, fixando-a com olhar de reprovação, a mesma que podou seu abraço e suas roupas, jogando para cima dela o ódio pelo seu corpo sensual já fora do controle da instituição. Nós duas notamos a censura e o desprezo por aquela expressão de sensualidade que reflorescia. Mas o olhar a atingiu de cheio e a vi encolhendo os ombros. Depois disso ela nunca mais me visitou. Anos depois, quando saí, nos reencontramos e fomos numa roda de samba. Estávamos ambas livres e felizes. Marcadas, mas felizes. Perdi o contato dela por anos e a procurei sem cessar até que esse ano a reencontrei, mãe de duas crianças, cuidando sozinha dos filhos, enquanto os homens fugiram da responsabilidade. Ela se manteve sensível à vida e vive me dando conselhos de chás naturais e disse que desaparecera por medo de censura, pois na gravidez do segundo filho a mesma freira lhe telefonou para afundá-la ainda mais na culpa e na vergonha.

Lyon, 27 de outubro de 2019.

No segundo ano de convento, numa noite, você me ligou e perguntou: "Quer se casar comigo?". Eu estava prestes a entrar para o noviciado. Após escutar essa frase, sentada no escritório, comecei a tremer na cadeira. Eu nunca mais tive aquela sensação física, mas meu corpo tem memória. Fui direto para o quarto de minha amiga para contar sobre a proposta e naquela noite nem dormi. Alguns dias se passaram e após imaginar voltando e a dor que isso me causava, escrevi-lhe uma carta dizendo "não" e com pesar a enviei pelo correio, mas dentro de mim era "sim". Depois de já tê-lo respondido recusando a proposta de casamento, no final do ano chamei minha formadora e contei a ela o que tinha acontecido, dizendo que queria ir embora. Ela aconselhou-me a ir de férias e ver como seria esse tempo e caso eu quisesse deixar o convento mesmo que voltasse para pegar minhas coisas. Assim foi. Segui para Belo Horizonte e a viagem parecia não terminar nunca. Ao chegar, a primeira coisa que fiz foi ir até sua casa, mas você ficou com as palavras da carta e quando te encontrei, toda feliz e cheia de esperança, deparei-me com uma dureza e uma hostilidade até então desconhecidas para mim. Acho que foi seu orgulho ferido. Nesse dia, você nem quis falar comigo, dizendo que me encontraria na casa da minha irmã. Ao lhe receber, você tentava ferir-me de todos os jeitos, se lembra? Usava frases como "olha a sua irmã, tá lutando na vida e você não" e ainda "olha que casa enorme a sua irmã está construindo!". De novo você fixado na casa física e nem sequer reparou na minha indigência emocional. Nem sequer quis saber o que tinha dentro daquela casa grande que ela estava construindo, pois ali também fui molestada por meu cunhado, hoje evangélico, homem de Deus, defensor da moral e dos bons costumes.

Procurei um lugar para ficar, uma casa, um trabalho, mas não consegui encontrar. Você evitou-me durante esse período como forma de punição pelo "não" da carta. Sem chão, sem apoio, fiquei o resto do mês na casa de uma amiga no bairro onde morei com minha tia. A sensação foi de estar fora de tudo, sem conexão com o mundo, batendo a cabeça de um lado para outro, novamente sozinha. Eu lhe pedi para ignorar minha carta e disse que aceitaria ficarmos juntos. Mesmo assim você se manteve frio e distante. Pela família que me acolheu naqueles dias, nutro grande carinho e gratidão, pois nos anos seguintes sempre que voltava de férias era lá que eu me aconchegava. Tinha até leite quente na cama antes de dormir, e foi ali também que tive o meu primeiro bolo de aniversário aos vinte anos. A única coisa que lamento é que nunca me perguntaram nada sobre minha família ou sobre meu desenraizamento, e todas as vezes que tentei falar ouvia "deixa isso pra lá" ou "com fé em Deus vai dar certo". A maioria das pessoas, mesmo as que nos querem bem, nos silencia como forma de se relacionar conosco. Elas não aguentam a verdade porque não aguentam sobre si mesmas e "deixar as coisas pra lá" é um modo de manter a vida social e cada um no seu devido lugar. É esse o preço por recebermos algum afeto ou reconhecimento. A verdade não é para qualquer um e não é todo mundo que está disposto a escutá-la, pois implicaria em ação.

No meio disso tudo, outro sinal, que interpretei como milagre naquela época, mas novamente era meu desespero, foi o telefonema de uma das freiras que morava comigo, lembrando-me de que eu ainda tinha o meu quarto, os livros, o meu cantinho de meditação e estudos, relações calorosas e pessoas que esperavam por mim. Aquele telefonema tirou-me daquela angústia, daquele período cinza e morto que me envolvera enquanto você tentava punir-me. Foi quando decidi voltar para "casa", para o convento, para o meu quarto e para o calor das relações que eu havia construído, para o trabalho com comunidades eclesiais de base e fechar de vez a nossa história.

Você não apareceu nem para se despedir e depois de anos culpou-me pela decisão que tomei, dizendo que eu lhe havia alimentado falsas esperanças, prometendo voltar e não voltei. Eu voltei, estava ali diante de você e você não viu, como sempre. Chegando em casa, encontrei abraço de acolhida na rodoviária, flores sobre minha mesa e, assim, fiz uma fogueira no fundo do quintal e queimei todas as suas cartas, virando a página. Depois disso, eu mentiria a você se dissesse que não fui feliz. Fui sim. Fui muito.

Lyon, 29 de outubro de 2019.

Olá! Espero que esteja bem, bem de verdade.

Dizia-lhe que entrei para o noviciado e que essa etapa da formação é chamada de "tempo de graça"; realmente foi. Olhei-me, olhei para meu interior bagunçado e fui colocar ordem na "casa", definir prioridades, esvaziar e jogar coisas fora. Fiz terapias, retiro, teatro, meditações, cursos, estudos de teologia e me engajei de corpo e alma no trabalho junto aos mais excluídos, doei-me por inteiro e, nesse período, eu estava certa de que aquele era o meu lugar no mundo. Sorri muito nesse tempo. Quantas partilhas, encontros maravilhosos e viagens! Eu, minha companheira de noviciado e outras noviças de congregações diferentes partilhávamos nossas experiências, histórias de amores que deixamos, e comecei a aprender sobre sexo, algo que eu ainda não havia experimentado, pois esse assunto para mim vinha cheio de culpa, medo e violência. Ver que outras pessoas falavam e viviam com leveza, beleza e sem culpa a sexualidade fez com que me reconciliasse com a minha.

Fui para o interior do Maranhão e conheci outros grotões da miséria, inclusive a pobreza acompanhada da falta de água em diversas localidades. Certa vez, acompanhei uma das freiras para uma missa em uma comunidade longe de tudo, um povo sofrido, sofrimento diferente do meu sertão mineiro. Chegando lá, naquele altar dentro de uma igreja de barro e teto de palha, vi a imagem da Mona Lisa. Acho que pensaram tratar-se de alguma santa católica.

Nem eu sei que santo é qual e não disse nada, apenas observei, pois eu não tinha nada para colocar no lugar. O padre que foi conosco para celebrar a missa e os diversos batizados do ano, todos celebrados de uma só vez, ficou tão bravo com o fato de alguns padrinhos não serem casados que queria mandá-los de volta para casa, depois de terem caminhado léguas, saindo de suas casas ainda na madrugada para estarem ali pela manhã. A freira que estava comigo, mulher negra, tão humana e sensata, foi a mediadora, convencendo-o de que aquilo não era o mais relevante. Lembrei-me dos padres que se recusavam a batizar crianças filhas de mães solo, como foi a minha. Quantas regras e normas a Igreja impõe ao povo que sequer tem condições de cumprir e quantas vezes vi padres e freiras passarem por cima da vida para implantarem o que muitos consideravam o "reino de Deus". Vi também muitos deles e delas enfrentarem os "fariseus" e as leis da Igreja para que a vida tivesse algum valor, mas era minoria.

Na casa onde fiquei, com irmãs também alemãs, conheci uma moça indígena que tinha acabado de entrar para o convento. Ela era um tipo especial, calada e de uma ironia singular. Numa tarde, sentadas à mesa no fundo da casa, ela revelou-me ser alcoólatra, com 21 anos, pois já aos cinco, sem nada para comer em casa, era com cachaça que seus pais enganavam a fome dela e a dos seus irmãos. Não sei se o convento soube disso, mas certo é que a minha falta de poder na estrutura da Igreja me fez encontrar pessoas que me revelaram suas vidas de forma muito espontânea. A instituição, em geral, e hoje posso dizer isso, não dá conta dessas vidas, projetam imagens e expectativas, mas dificilmente deixam emergir suas verdades e subjetividades. Isso acontece porque toda instituição, para se manter de pé, precisa cristalizar ações e pensamentos, enquanto a vida escorre pelas beiradas.

Nesse período de noviciado tive um sonho daqueles que nunca se esquece: fui ao enterro da minha mãe. Contei isso a uma das freiras e ela disse que eu finalmente consegui enterrá-la. Sim, eu havia finalmente feito o luto depois de quase quinze anos de sua morte. Minha família não sabia lidar com isso. Minha avó, provavelmente, nunca fora acolhida nas suas perdas e dores, meu avô menos ainda, e meus tios e tias jamais nos acolheram depois da morte dela. Não falávamos nunca desse vazio e dessa perda e uma vez vi minha irmã chorando pela falta de minha mãe e recebendo reprovação da minha avó com palavras tão duras, que jamais ousei expressar minha dor.

Sentia-me uma pessoa livre como poucas vezes fui na vida. Foi um tempo privilegiado, reconheço, quem pode se dar ao luxo de parar por dois anos para estudar, refletir, meditar, olhar para si e para o mundo, viajar, fazer cursos, retiros? Não conheci o tão falado "voto de pobreza", pelo contrário, tínhamos tudo: carro na garagem, boa alimentação, casa e acesso aos bens culturais. Eu ia a teatros, concertos de música clássica, cinema e fiz o que Bourdieu chama de ampliar o capital cultural através do acesso àquilo que as classes sociais mais privilegiadas têm e ditam como valores para as demais. Não pensei no futuro, na insegurança econômica por estar fora do mercado de trabalho, pois até deixei um concurso público que prestei assim que terminei o magistério na rede estadual, a pedido das irmãs, para dedicar-me à preparação para os votos de pobreza, obediência e castidade. Disso arrependi-me mais tarde. Por outro lado, não havia outra forma de mergulhar nesse tempo agraciado sem abandonar a necessidade que tenho por segurança, mesmo porque sentia-me segura e achava que viveria ali para sempre.

Foi também nesse período que "tornei-me negra". Vou lhe

contar depois. Agora estou cansada, acho que escrever-lhe tem feito emergir em mim muitas memórias dolorosas.

Lyon, 30 de outubro de 2019.

Eu falava de como "tornei-me negra", pois isso não é tão óbvio assim, é um processo doloroso que pode começar com a negação, a recusa e a dor, para, então chegar à ressignificação da imagem social que incorporamos sobre o que é ser negra no Brasil. Para nós, mulheres negras, é tomar consciência de estar no último lugar da hierarquia social, no lugar da margem, como diz bell hooks, onde não há nenhum outro grupo abaixo da gente. Se ver nesse lugar é doloroso, pode encher uma mulher de culpa e vergonha por essa condição, mas é essencial para libertarmo-nos.

Vou lhe dizer uma coisa: confesso que fiquei muito sentida ao ler sua tese de doutorado sobre questões raciais. É um trabalho brilhante e o prêmio foi merecido, orgulho-me de você que quebrou as barreiras sociais e simbólicas, superando o lugar reservado ao negro na nossa sociedade, mas não há referências às mulheres negras que encabeçaram a luta antirracista no Brasil, como Lélia Gonzalez, Sueli Carneiro, Luiza Bairros. Foi doloroso constatar isso. Você tem um capítulo sobre educação e população negra no Brasil e não falou do "epistemicídio" e do discurso histórico de Sueli Carneiro no Supremo Tribunal Federal em defesa da implementação das quotas raciais nas universidades. Reconheça-nos, querido, como parte da luta que lhe permitiu chegar onde chegou. Não invisibilize, na sua produção acadêmica e intelectual, as nossas contribuições intelectuais. Dito isso, lhe conto como foi o meu percurso de resgate da negritude, como me assumi negra e como me olhei no espelho pela primeira vez, não no espelho que a sociedade me ofereceu desde que nasci.

Estava no segundo ano de noviciado, vivia com freiras alemãs e austríacas e a questão racial e os impactos da escravização no Brasil, eram assuntos longe de serem discutidos e estudados. Não as culpo por isso, afinal não discutimos isso nem nas escolas e nas famílias, quanto mais numa congregação europeia. Não tinha consciência dos meus ancestrais escravizados e das marcas que carrego, a única coisa consciente era o fato de saber-me não branca. Sabia e via que a branquitude é um valor em qualquer lugar, pois o corpo branco, se loiro e de olhos azuis melhor ainda, causa no povo certo encantamento e postura de adoração. Na minha família, as mulheres brancas tiveram mais oportunidades e chances que as mulheres negras, pois foram privilegiadas até mesmo na distribuição dos afetos e do cuidado.

Uma vez, no convento, eu regava as flores no jardim na entrada e uma senhora apareceu no portão pedindo para falar com a dona da casa. Disse que podia falar comigo mesma, mas ela insistiu, olhando-me desconfiada: "Não, quero falar com aquela senhora branca". Minha cor revelava a ela que eu não podia ser a proprietária de uma casa grande, bonita e em um bairro de classe média. Nesse mesmo bairro, durante o primeiro ano, uma das freiras alemãs, que ainda fazia faculdade, recebeu a irmã de sua professora da Pontifícia Universidade Católica (PUC) em "nossa casa". Ela pediu-me para fazer um suco para as duas e, ao servi-las, a visita, com cara de desprezo disse: "Que suco doce, não gostei". A freira, vendo a cena e a situação apenas respondeu: "Você é louca", continuando a rir e a conversar como se nada tivesse acontecido. Era claro que ela me tratou como doméstica, mas, as freiras nunca viam essas coisas ou fingiam não ver, pois teriam que colocar em discussão o poder que tinham no Brasil e nas relações com as brasileiras.

Em 1999, um amigo frei franciscano informou-me da criação de um grupo de religiosos, religiosas e padres negros, convidando-me para o primeiro encontro organizado por uma freira dominicana em uma chácara da cidade. Confesso que seu convite ofendeu-me. Ele havia me jogado na cara a minha negritude. Mas, mesmo assim, fui ao encontro e ao chegar lá senti-me extremamente incomodada, pois, na sua maioria, os participantes eram negros e negras de pele escura e a minha era um pouco mais clara. O encontro foi conduzido por uma freira do Maranhão, negra retinta. Eu a olhava e não me via nela, ou não queria me ver. Foi quando, na primeira noite, tive mais um daqueles sonhos dos quais nunca se esquece. Sonhei que estava lavando uma fralda de bebê cheia de fezes de um amarelo tão forte que se impregnara no tecido e não saía, embora eu esfregasse com toda a minha força e raiva, mas, sobretudo, nojo. No outro dia, procurei essa mulher para conversar, lhe contei do sonho e, para a minha vergonha, ela disse: "Difícil assumir-se negra, né? Pode dar raiva e dar nojo mesmo". E esse foi o início da minha vida como mulher negra consciente aos dezenove anos, pois alienada eu havia vivido todos os anos anteriores, enganando-me com a ideia de ser morena.

Quando abrimos os olhos nada ao redor continua o mesmo. Passei a estar mais atenta às relações raciais dentro e fora do convento. Por exemplo, uma vez recebemos a visita de um grupo de alemães, doadores dos projetos sociais que realizávamos nas periferias. Uma das freiras pediu-me para levá-los num bairro do qual outra freira se ocupava, numa periferia distante, sem o mínimo de infraestrutura, cujo povo jogado ali era, na sua maioria, negro. Ao saber disso, a freira que havia "descoberto" o bairro telefonou-me para ordenar que eu cancelasse a visita, pois, segundo ela, tratava-se de "turismo da pobreza". De fato era, mas, no fundo a briga entre as duas europeias era para ver quem tinha mais poder, já que se estranhavam. Dei-me conta também da minha falta dele e da minha condição de mulher negra, brasileira, colonizada diante delas. Apenas obedecia e era iludida com a falsa crença de que éramos iguais. Nunca escolhi onde morar e uma vez fui colocada numa casa dizendo que eu deveria ajudar uma das irmãs a cuidar e limpar o ambiente. A princípio, era porque ela tinha problemas na coluna, mas com o tempo percebi o quanto ela sentia prazer em dar ordens e dominar, acusando-me de justificar demais sempre que eu tentava argumentar contra seus desmandos. Ainda usava o fato de ser psicóloga para dar-me "carteiradas" de diagnósticos toda vez que eu a questionava por dar ordens e deixar tudo nas minhas costas, como "você é agressiva", "você precisa se confrontar", "eu não vi esse seu traço de fugir das coisas durante a formação inicial", "você precisa resolver esse seu problema". Eu, eu, eu e eu, jamais elas. As freiras também disputavam entre elas quem exercia mais poder sobre as brasileiras, como com uma moça que entrou depois de mim, uma das freiras queria levá-la ao cinema, a outra proibiu que ela saísse porque as duas não se davam bem.

No período de noviciado, visitávamos diferentes congregações para estudos e formação e em uma das vezes precisei ir à cidade de Trindade com outras duas moças. Combinamos, então, de pegar carona em frente à Catedral de Goiânia com uma freira italiana que ia de kombi. Ao entrarmos no carro, essa freira mandou sua noviça, uma menina negra tão magrinha, comprar um sanduíche, pois ela ainda não havia almoçado. Ao voltar com o pacotinho e entregar para a italiana, esta o abriu e se enfureceu porque tinha um ingrediente que ela não gostava. Num ato de fúria, jogou o sanduíche na cara da menina. Do banco de trás, assisti àquela cena em choque. Hoje, relembrando aquele dia, vejo racismo e relações coloniais que se reproduziam. As freiras europeias exerciam poder sobre a gente, em todos os sentidos.

Durante os encontros intercongregacionais na chácara dos freis capuchinhos, vi moças sendo arrastadas pelo braço por suas formadoras, geralmente brancas, no meio de todos porque dançavam coladas aos rapazes nas noites culturais. Os homens em nada eram submetidos a situações constrangedoras como essas. Havia um desejo enorme de controle por parte das formadoras, quase todas brancas e europeias, em relação aos nossos corpos, roupas, condutas e relações. A minha ainda era das mais abertas, mas, mesmo assim, não estava isenta de exercer controle e cultivar seu narcisismo. Por exemplo, em um desses encontros, decidi trocar de quarto para ficar com uma das minhas amigas e ao comunicar-lhe fui repreendida por não ficar no mesmo quarto que minha coirmã e ainda me encheu de culpa pela simples decisão. "Por minha culpa, minha culpa, minha tão grande culpa", é este o ato penitencial do ritual litúrgico da Igreja católica que os homens escreveram para nós, mulheres.

Situações absurdas ocorriam nos conventos e seminários, o silêncio sobre isso era requerido, só que com outro nome: discrição e confiança. Nós usávamos a piscina de um colégio católico para meninas ricas de Goiânia e uma das freiras, na maior normalidade, disse-me: "Aqui nessa piscina uma freira foi encontrada morta, parece que era contadora do colégio e acharam também um rombo enorme de dinheiro. Dizem que estava sendo chantageada". Outra vez, um dos meus amigos franciscanos contou que grande parte das congregações masculinas possui um "fundo de pensão" para os filhos dos padres e que eles não precisavam necessariamente abandonar o sacerdócio se engravidassem uma mulher, pois muitas ordens religiosas arcam com o custo material, podendo eles seguir livres da responsabilidade da paternidade. Tenho um amigo, hoje padre, que tem um filho feito ainda na época em que era seminarista e, mesmo assim, conseguiu se ordenar. A maternidade é obrigatória somente para as mulheres, como uma das freiras que engravidou em São Paulo, de um taxista que ainda saiu difamando-a, e que conseguiu esconder a gravidez por nove meses, mas para parir simulou um sequestro, envolvendo a polícia e a mídia. No final, ela, negra como eu, saiu para cuidar da criança. A gente, com o tempo, perdia a capacidade de estranhamento e a imagem que tínhamos de fora e de dentro não condizia.

Competições de egos, relações de manipulação e até sadismo também eram recorrentes. Uma das alemãs via-me como sua concorrente intelectual e cada vez que eu abria a boca nas reuniões ela ironizava ou discordava, expondo-me diante das outras. Uma vez, criticou o almoço que fiz de forma leviana; outra, vendo o quanto eu gostava de feijão, muito mais do que de arroz, disse: "Na Alemanha, feijão a gente dá para os porcos". Se qualquer brasileira dissesse que, no Brasil, chucrute é comida de porcos, seria mandada embora na hora, mas alemã é sempre alemã. Outra vez defendi-me publicamente de mais um de seus abusos, fazendo-a se calar, mas dias depois ela telefonou-me para me ameaçar dizendo que eu não deveria desafiá-la em público, para ficar atenta com isso, pedindo-me em seguida para não falar a ninguém daquele telefonema, mas na hora passei o telefone para a minha formadora, também alemã, para que ouvisse e tirasse suas próprias conclusões, pois era a minha palavra, sem nenhum valor, contra a dela, que jamais seria mandada embora. A partir daquele dia, ela parou com as ameaças. O assunto morreu ali, afinal, eu era a colonizada e ela a alemã, ela era a legítima na congregação e, para as outras, era somente uma pessoa problemática. Quantas moças brasileiras foram colocadas para fora com a desculpa de que queriam saber demais ou que exigiam demais, mas entre as alemãs a situação era diferente e mesmo que estivéssemos certas nos era solicitada paciência e misericórdia para com elas. Se os mesmos critérios que aplicavam a nós para a entrada fossem aplicados a elas, sobraria no máximo três ou quatro.

A branquitude que vinha fazer "missão" no Brasil percebia seu "valor" pisando no solo brasileiro, pois para muitas, na Alemanha, assim como na Itália, eram somente mais uma. Muitas gostavam desse privilégio, poder e fascínio que exercem sobre o povo, e como gostavam! Claro que vi raríssimos padres europeus e freiras recusando bajulação, mas a maioria não, ao contrário, buscava isso. A paixão pelo Brasil, como diziam, ou pelas terras goianas era principalmente porque ali cultivavam a imagem da europeia superiora, evangelizadora e missionária, dotada de uma cultura superior, moralmente e materialmente. Cheguei a ouvir de uma o seguinte: "Se um dia você sair, não terá direito a nada, mas eu, por exemplo, quando entrei na vida religiosa, meu pai que tem um açougue na Alemanha, doou uma quantia para o convento. Se eu saísse eu receberia esse dinheiro". Outra vez, enquanto olhava uma filmagem enviada a mim por uma prima sobre minha infância no interior de Minas, a mesma freira das ameaças sentou-se ao meu lado e começou a instigar-me: "Que casa pobre essa da sua avó!".

A mesma que, insistentemente, quis visitar minha família em Belo Horizonte, durante um retiro, para ter mais elementos para usar contra mim e, de fato, o fez, pois na volta começou a elencar todos os defeitos que ela dizia ter achado na minha família e que a colocava numa situação de vantagem.

Tudo que gastávamos era controlado, o que as alemãs gastavam não sabíamos. No meu último ano de convento, éramos duas pessoas em uma casa e usávamos o mesmo computador. Eu ficava fora até as 14h e esse período era totalmente livre para ela, mas, um dia, ela decidiu que precisava ter o seu próprio notebook. Eu nunca poderia reivindicar uma coisa dessas. Dias depois, lá estava ela com seu computador nas mãos. Fins de semana em Caldas Novas também eram comuns para algumas delas, mas cada saída minha precisava ser solicitada e autorizada, até mesmo meus remédios para saúde eram vigiados, como uma vez em que uma delas ofereceu-se para comprar meus medicamentos quando me viu com a receita nas mãos. Não me dei conta de que era sua forma de controle e menos um gesto de solidariedade. Ao nos encontrarmos na reunião da arquidiocese, ela retirou da bolsa os medicamentos e ali mesmo, diante de todos, começou a ler uma a uma a bula dos remédios.

Quando eu pude, finalmente, votar dentro do convento pela primeira vez para escolher a coordenadora no Brasil, minha antiga formadora chamou-me num canto e disse: "Precisamos ser coesas nesse momento e votar juntas pelo bem da comunidade, por isso devemos votar todas na fulana de tal". E eu votei achando ser aquilo "coesão", quando na verdade era manipulação, pois o grupo que ganhava as eleições também nomeava formadoras que decidiam quem tinha ou não vocação, quem entrava ou permanecia. As que ousavam questionar demais eram mandadas embora.

No final do noviciado, propuseram-me um período de missão na África do Sul, logo após os votos de pobreza, castidade e obediência, o que aceitei com muito entusiasmo. Fizemos uma cerimônia linda para os meus primeiros votos e convidei minha tia, meu pai, minhas irmãs e primas e, para a minha surpresa e alegria, todos foram, saindo de Minas rumo à Goiânia. Foi a primeira vez que senti que eu tinha ganhado algum valor para a minha família. Minha tia havia encontrado um homem negro retinto após a morte do marido e estava vivendo o melhor momento de sua vida. Ela não precisava mais provar nada para a sociedade e acredito que foi a primeira vez que se sentiu de fato amada, o que baixou suas defesas e sua necessidade de ferir. Esse homem era de uma gentileza, elegância e ternura que eu só tenho a agradecê-lo, pois sem ele ela jamais teria ido à Goiânia. Ela vivera uma vida com o primeiro marido buscando ascensão social, pisando nos outros, entre as reuniões e encontros da maçonaria, se esforçando para pertencer a uma classe e se embranquecer, o que a levou a endurecer-se cada vez mais; enquanto esse outro homem a levava para os bailes populares, para os lugares onde ela se sentia parte e acho que se deu conta de que não precisava lutar contra o mundo, apenas mudar a rota de sua vida. Com o seu marido branco ela precisava de um lugar na sociedade, provar ao mundo sua ascensão e conquistar reconhecimento e valor, já com esse homem ela não precisava mais disso, entregando-se ao amor, talvez o único verdadeiro que tivera. Ele até tentou conversar comigo sobre o que ele percebia, dizendo: "Eu sei o que você passou". Fiquei surpresa, mas não estava disposta a continuar a conversa, mesmo com sua abertura e acolhida. Ele também faleceu anos atrás e ela voltou a ser amarga e solitária.

Durante a preparação para a África do Sul, mais uma vez

arrumando malas, tive uma recaída onde nada parecia fazer sentido. Havia saído de uma casa onde, apesar dos conflitos, tinha partilha, cumplicidade e gostava das pessoas com quem morava. Fui para outra casa, dessa vez, com relações mais secas e minhas certezas se abalaram. Enquanto preparava-me para a viagem, recebi o resultado de um exame de sangue que apontava doença de Chagas. Repeti-o e o segundo resultado também deu positivo, mas o tratamento no Hospital das Clínicas, que é da universidade federal, seria demorado e como a passagem já estava comprada mantivemos os planos. Umas das freiras acompanhou-me na busca de tratamento alternativo e enchi uma mala com a planta "pau doce" para usar por alguns meses no exterior. Recebi reprovação da coordenadora que, ao invés de estar preocupada com a doença, disse-me que eu não deveria ter ido doar sangue sem o consentimento do convento. Também precisei escrever uma carta falando das minhas últimas vontades e onde eu gostaria de ser enterrada caso eu viesse a falecer no exterior. Aquilo mexeu muito comigo, pois a morte é um assunto sensível para mim, porque flerto com ela desde que nasci através de experiências de dor e perdas. Escrevi que as fotos e cartas de famílias deveriam ser entregues à minha irmã do meio, os diários e livros ficariam com aquela que me ajudara a encontrar o "pau doce" para a viagem. Era isso, era só a isso que se resumia minha existência. Acho que a insignificância me foi jogada na cara naquele momento de forma tão crua que dentro de mim era mais angústia do que entusiasmo com a viagem.

    Quando estava prestes a partir para outro continente, escrevi uma carta para todos os meus amigos e amigas e enviei pelos correios, com meu endereço de e-mail, pois tínhamos chegado na era digital. Enviei também para você, para a casa da sua mãe. Meses depois recebi seu e-mail e tudo em mim foi revirado, a estrutura balançou. Quando assisti ao filme "Julieta", de Almodóvar, lembrei-me disso. Quando a filha da protagonista desaparece para se juntar a uma seita religiosa, ela espera seu retorno por anos. Vendo que isso não acontecia, resolveu esquecer, mudou de casa, de aparência e de vida. Mas, um dia, ela encontra na rua a melhor amiga de sua filha e tudo veio novamente à tona, fazendo desabar tudo o que ela pensava ter sido soterrado para amenizar a dor da partida da única filha.

Uma explosão de sentimentos tomou conta de mim, sobretudo quando li que você estava esperando seu primeiro filho. Do alto do meu egoísmo, pensei: "Era para ser comigo". E desabei. Fui para a África perdida e continuamos a nos escrever. Você, acredito que de propósito, contava detalhes do menino e da esposa. Escrevi-lhe, certa vez, dizendo que eu estava trabalhando com crianças com deficiência num hospital e você escreveu que vocês tinham ido levar o filho doente em um e que não encontraram vaga, me dizendo, em seguida, que os seus problemas eram verdadeiros problemas e que minha vida não era real, apenas a sua. Como você gostava de comparar nossas trajetórias sem nem ao menos conhecer a minha!

Lyon, 1 de novembro de 2019.

    A vida no convento da África do Sul era diferente daquela que vivi no Brasil, no meio do povo. Minha mobilidade era vigiada e limitada e a vida se resumia a comer, dormir, rezar (rezar muito, mas muito mesmo, além do necessário). Passei meses de angústia, numa chácara isolada de tudo, sem transporte público, mercados ou vizinhos e sem o mínimo de autonomia. Dependia das irmãs para sair de casa, o que quase nunca acontecia. Ao chegar lá, minha rotina já estava traçada, trabalhava num centro para crianças com deficiências físicas e mentais, fazia faxina na casa às sextas-feiras, ia à missa e tomava café da manhã na casa do padre uma vez por semana, tinha aulas de inglês e dava aula em um jardim de infância em um dos *towships*, lugares separados construídos para a população negra durante o regime de segregação racial, o *apartheid*.
    O padre, meu professor de inglês, era um alemão idoso, tio de uma das freiras e ia todos os dias em nossa casa. Depois do café da manhã, iniciávamos as aulas em nossa grande sala. Eu não entendia o porquê de ele sentar-se colado a mim, já que a sala era enorme. Com o passar do tempo, ele começou a tocar minhas pernas, deixando-me extremamente incomodada. O problema de ter crescido em um ambiente onde o abuso é normal, tanto quanto o silêncio sobre ele, é que a gente, ao longo da vida, começa a duvidar de si mesma, se o que sentimos e vemos é verdade. Até que chegou uma jovem alemã em casa e perguntou-me se eu também achava estranha a presença

constante daquele homem dentro da nossa casa, pois a proposta da vida religiosa feminina era um ambiente somente de mulheres, de irmãs. Além disso, eu era obrigada a ir até a casa dele para fazer-lhe companhia uma vez por semana durante o café da manhã. Foi conversando com essa jovem freira sobre aquela presença invasiva e abusiva que tomei coragem para cancelar as aulas de inglês, a contragosto das irmãs.

Não tínhamos contato com o povo e quando tínhamos era para ir à missa aos domingos. Missa de branco, diga-se de passagem, pois a população negra vivia nos *townships*, enquanto a paróquia central era frequentada por brancos que usufruíam da cidade, das casas bem localizadas, do comércio e de todo o aparato urbano que foi usurpado da população negra. Esta, por sua vez, mal saía dos locais segregados, não por causa da lei, mas pelo difícil acesso, pela exclusão social e pelo racismo estrutural. Uma vez saí do convento sem avisar para ir ao centro da cidade de Bronkhorstspruit a pé, andando por quilômetros. Achei um cinema e entrei. Estava prestes a começar um filme bobo, romântico, mas o assisti: "Maid in Manhattan". Eu era a única na sala e acho que o rapaz da bilheteria sentiu pena de mim, pois durante o filme ele foi até lá me espiar várias vezes, numa delas eu chorava como uma criança. Na volta, peguei carona para casa, o que foi inconsequente, pois a sociedade sul-africana é muito violenta. O *apartheid* destruiu o tecido social, os brancos implantaram o ódio racial e saíram de fininho, eximindo-se da culpa. Na segunda vez que tentei ir a pé ao centro, um dos funcionários do hospital onde trabalhava reconheceu-me na rua e ofereceu-me carona, alertando-me para não fazer mais aquilo. Talvez ele até tenha contado às freiras.

Uma das coisas que mais chocou-me no convento, tanto

na África do Sul quanto no Congo, foi o fato de o armário com os alimentos ser trancado a chaves e possuir uma freira guardiã. Assim, se eu quisesse comer algo, precisava pedir, o que achava um absurdo àquela altura da vida. Eu e outra jovem alemã arrombamos o armário para pegar biscoitos e chocolates, e como a fechadura havia se quebrado tivemos que chamar a "irmã da chave". Ela era uma senhora idosa simpática, mas sisuda. E, enquanto aguardávamos um sermão, ela consertou a fechadura, colocou novamente a chave no bolso e sem dizer uma palavra nos deixou ali. De silêncios e silenciamentos somos feitas muitas de nós, a maioria.

Essa coisa da comida ser trancada é uma herança da colonização. Quantas histórias ouvi das mulheres da minha família que trabalharam em casas de famílias abastadas sobre as humilhações que se davam, sobretudo, ao redor dos alimentos e no momento das refeições! Não poder comer o mesmo que as famílias e precisar esperar que almoçassem todos para comer as sobras, vigiadas para que não comessem escondido, era a regra nesse tipo de relação de servidão.

As alemãs estavam, ali reproduzindo a mesma coisa sem questionar o poder de decidir a que hora e o que se comia. Às sextas-feiras era meu dia de cozinhar e, antes de iniciar, os ingredientes já eram colocados em cima da mesa para que eu não tivesse acesso ao armário. Ao contar isso para as freiras alemãs do Brasil, a resposta foi: "você tem que entender que a cultura é diferente e tem que respeitar os processos de cada um". Era sempre eu aquela que precisava respeitar, ceder, adaptar; as alemãs e as austríacas aquelas que detinham o poder de dizer a última palavra sobre tudo.

Eu ia uma vez por semana dar aulas numa escola infantil em Verena, um dos *townships*. Era o dia mais esperado por mim, pois ali eu via o povo, suas casas, suas crianças, suas expressões, onde foram jogados sem condições mínimas enquanto os brancos tinham os comércios, as melhores casas no centro da cidade e serviçais para trabalhar para eles. Naquela realidade cada freira tinha seu âmbito de domínio e controle: a "irmã da chave do carro", a "irmã da chave do armário", a "irmã do dinheiro", a "irmã que queria mandar em mim" e assim por diante. Eu não tinha um âmbito de domínio, absolutamente nenhum poder, e foi então que me dei conta da minha realidade ilusória de "coirmã" em um convento alemão.

O caseiro era um homem negro, viúvo, que morava sozinho com o filho adolescente. Ele me pedia sempre por dinheiro para comprar cigarros. Era algo tão pouco, mas ele ficava numa alegria danada. Uma vez lhe pedi para levar-me ao centro com o carro das irmãs, pois apesar de dirigir eu era proibida de usar o veículo. Ele aceitou e não percebi que estava bêbado. Na hora de sair com o carro, vi uma das freiras correndo em minha direção, pedindo para parar. Ela o fez descer para assegurar que estivesse sóbrio. Mas, foi inútil, ele mal conseguia ficar de pé. Não notei a sua embriaguez tão grande era o meu desespero para sair. As irmãs tinham um caseiro negro na África do Sul e outro no Congo que passavam as roupas delas. A ferida da escravidão ainda é aberta em mim como em todos os negros do mundo, pois não existe um lugar onde os europeus não tenham pisado para torná-lo extensão de si mesmos, alimentar o próprio ego, dominar e ocupar os lugares de poder, privilégio e prestígio, mas questionar tudo isso distanciava-me sempre mais da casa que eu achava ter encontrado.

Fui convidada por um casal de namorados austríacos do hospital para acampar com eles certa vez. Cheguei em casa toda contente pela possibilidade de sair um pouco e comuniquei à coordenadora sobre o convite, mas recebi a resposta de que não era conveniente porque eles não eram casados, apenas namorados. Não acreditei no que tinha ouvido. As freiras do Brasil eram diferentes nesse sentido, porque encontraram uma Igreja mais aberta e inseriram-se na linha da Teologia da Libertação.

Tudo ao redor de mim parecia tão absurdo que não conseguia gerir. A experiência de solidão de um olhar que já havia desnaturalizado tantas coisas dadas como certas e naturais é dolorosa. Durante um encontro de jovens, em outro *township*, uma das freiras explicou-me o que eu tinha que falar para o público. Basicamente, eu precisava dizer que a abstinência sexual era o melhor caminho, fosse para evitar doenças, gravidez ou para ascender ao reino dos céus através da castidade e que até mesmo o vírus da Aids, segundo "estudos", não podia ser evitado com preservativos, pois o vírus era infinitamente menor do que se imaginava, podendo passar pelo látex do preservativo. Essa freira, no auge de sua ignorância e alienação, utilizou da ciência para legitimar sua ideologia religiosa. Muitas faziam assim, usavam a ciência para impor a religião e depois negar a ciência de novo. No dia do encontro vi-me diante de uns cinquenta jovens, sofridos pela exclusão e segregação, marcados pela violência e o que eu tinha para lhes oferecer era dizer para não transar. Logo eu, que naquela fase da vida morria de vontade. Sobre a camisinha e as teorias não consegui falar, eu sabia que era mentira, mas, ainda assim, e com arrependimento, falei da abstinência, da necessidade de esperar o momento certo. Não disse depois do casamento, pois nem as que transavam depois do casamento eram felizes. No final do encontro fui elogiada por essa freira, dizendo que me queria em todos os encontros com jovens, pois eles me ouviram mais do que a ela. Quanta arrogância sustentada por um poder religioso!

Uma experiência sobre o poder que o povo nos delega e que acreditávamos ter também foi confirmada pouco antes da minha partida para a África do Sul. Uma jovem de uma das comunidades procurou-me para conversar sobre a possibilidade de terminar com o namorado porque ele queria ter relações sexuais e ela queria esperar até o altar. Disse-lhe que o altar não garantia uma vida sexual satisfatória ou uma vida feliz e que todos os namorados que ela encontraria, provavelmente, iriam desejar transar com ela. Ela se surpreendeu e disse que esperava de mim exatamente o contrário, mas que no fundo sentiu-se aliviada, pois gostava muito dele. Pois bem, tempos depois ela buscou outra freira do meu convento, mais conservadora e moralista, e acredito que, carregando essa culpa de ter iniciado a vida sexual, foi atrás de punição. Incrível como o povo busca "chicotadas" da Igreja! A freira logo procurou-me e, indiretamente, disse: "Eu disse claro pra ela não ficar passando de mão em mão". Ela queria dizer-me que eu errei ao não condená-la quando veio pedir meus conselhos.

Na África do Sul e no Congo, o prazer em dominar as jovens africanas e a mim era nítido. Certo dia, a mesma irmã que me mandou falar de abstinência deu um soco na mesa gritando: "Eu mando aqui!". Dei outro soco de volta com o punho fechado, e disse-lhe: "Em mim, não!". Vi o espanto em seu olhar e no das outras ao redor, mas vi também que para mim ali tinha acabado. Minha fama de rebelde estava confirmada e soube depois que elas fizeram um relatório para o meu convento no Brasil, pois ao voltar encontrei a mesma hostilidade no olhar de muitas, querendo dizer: "A missão dela fracassou".

Passei também alguns meses no Congo, onde eram visíveis as hierarquias, os armários também eram trancados, as coisas vigiadas e as iniciantes comiam em salas separadas das outras. Ao questionar, recebi como resposta: "É o costume das africanas, elas respeitam muito as hierarquias". Sobre as coisas viverem trancadas, a resposta foi: "Elas roubam para levar para as suas tribos". Quando convinha, era costume das africanas; quando não, aquele povo precisava ser reeducado à luz dos valores europeus. Ali, uma das jovens me emprestou contente sua fita K7 da Celine Dion e eu, ingenuamente, comentei com a formadora alemã, que foi até a jovem dar-lhe um sermão dizendo que aquele tipo de música era proibido. A moça veio até mim muito decepcionada por eu ter quebrado sua confiança e perguntou-me por que eu havia contado, pois ela teria que entregar a fita, tão preciosa para ela. Senti-me em culpa por muito tempo por causa disso até entender que era tão absurdo sequestrar as músicas de uma noviça ou sequer poder falar sobre isso por puro poder, puro exercício de poder. A vida religiosa na África do Sul e no Congo, para mim, foi um laboratório de sofrimento.

Quando cheguei lá, apenas dez anos depois do *apartheid*, encontrei a estrutura racista e segregacionista quase inalterada. Negros e negras na miséria, nos bairros distantes, sem escolas e transporte, em casas de zinco durante um inverno que doía os ossos. Os brancos, com as casas grandes, nas cidades, e proprietários das lojas, comércios, hospitais etc. Eu morava somente com pessoas brancas e nossos trabalhadores eram negros, além de frequentar a paróquia do centro da cidade, também de maioria branca. Eu tinha ido para reencontrar a mãe África, mas encontrei a madrasta Europa. Deparei-me com um grupo de mulheres velhas e ultrapassadas, cuja missão, diante daqueles e daquelas que foram despidos de humanidade pelos europeus, era ensinar abstinência sexual.

Depois de alguns meses ali precisei cortar o cabelo. Algo

tão banal, mas que me gerou grande sofrimento e que não podia compartilhar no convento. Eu precisava escolher entre um salão para negras ou para brancas. O silêncio ao meu redor sobre as marcas da segregação era ensurdecedor. Algo tão simples como cortar o cabelo me trouxe grande ansiedade. Dirigi-me a uma cabeleireira negra no centro da cidade, levada por uma jovem aspirante do meu convento, que me recebeu com muita hostilidade devido a minha condição de *coloured*, termo pejorativo que quer dizer misturada. Depois de ouvir que ela não sabia cortar meu tipo de cabelo, dirigi-me a outro salão de propriedade de uma mulher branca. Ao chegar lá, toquei o interfone e vi que a câmera me notava, mas demorou um tempo até obter uma resposta, que foi somente quando antecipei dizendo ser brasileira e que estava na cidade por um tempo. Lá dentro, as cabeleireiras ficaram encantadas por eu ser brasileira e enquanto a proprietária cortava meus cabelos tentei conversar sobre a situação do país, contando que minha família é afrodescendente. Ela, desconsertada, disse: "Mas você não precisa dizer isso a todo mundo", como se fosse uma vergonha que eu precisava esconder.

No centro para crianças com deficiência ainda tentei perguntar aos fisioterapeutas brancos como foi viver na segregação. A resposta era sempre muito defensiva, do tipo: "Tive pais muitos abertos, a gente não achava que os negros eram inferiores". Tem uma grande diferença entre achar e aceitar a segregação e tirar proveito dela. Em países como o Brasil e a África do Sul, a negação da opressão da população negra é algo assustador, os brancos tentam substituir a nossa memória e a nossa história o tempo todo para não se verem obrigados a arcar com a justiça social e a reparação.

O Congo também é uma terra violentada pela colonização. Desci do avião no aeroporto, pegamos um carro até o convento e parecia um campo de guerra a cidade de Kinshasa. Quantas pessoas nas ruas, pedindo esmolas, multidões e multidões. Ao chegar em casa, fui recebida com festa pelas postulantes e noviças. Fui para a universidade de Teologia e conheci brasileiros, além de um teólogo congolês que morou no Brasil e escreveu sua dissertação de mestrado com os princípios da teologia da libertação. Adorei suas aulas, mas fui advertida por algumas freiras do meu convento de que ele era louco. Minha nossa senhora da loucura, eu também era, sempre fui e talvez fosse essa a imagem que o convento ali teve de mim! Comecei a sair com padres, seminaristas e freiras brasileiras, muitos deles chocados com a vida religiosa ultrapassada naquele contexto. Uma vez, fomos à beira de um rio tomar cerveja, o que já era um escândalo para o convento. Quando estávamos lá, fomos informados pelo dono do bar que a polícia havia visto que tínhamos tirado fotos, o que era proibido. Um dos seminaristas pediu-me para colocar o filme dentro da roupa e fizemos um caminho mais longo que o comum, o que me fez chegar tarde no convento. Fui recebida com reprovação e no outro dia até mesmo as africanas já haviam mudado comigo. Eu era a depravação e a má influência para as iniciantes, então retornei à África do Sul.

 De volta àquele país, fiz amizade com freiras africanas de outro convento que conheci durante as missas dos domingos. Passei a visitá-las aos sábados à tarde para fugir do tédio no meu convento. Uma vez, uma delas perguntou-me se eu tinha um amigo padre. Inocente, lhe respondi que sim, tinha vários. Ela, vendo que eu não havia entendido a pergunta, repetiu, "um amigo para te dar as coisas, a gente precisa de um amigo". Entendi que a conotação era sexual e logo perguntei se ela não tinha medo de engravidar. Para o meu espanto, ela contou que havia retirado o útero, assim como muitas freiras africanas, pois, segundo ela, uma freira não precisava disso. Em geral, esses "amigos" eram padres, africanos e europeus. Eu já estava tão ferida que ouvir aquilo me causou uma dor enorme. Eu não senti raiva dela, mas da Igreja e de mim mesma por fazer parte daquilo.

Quanto mais eu falava, mais longe ficava do meu próprio convento e quanto mais eu silenciava, mais longe ficava de mim mesma. Eu não podia acreditar que uma igreja não tinha algo a mais para oferecer a essas mulheres, que pudesse fechar os olhos para isso enquanto me pedia para pregar abstinência sexual para jovens cheios de vida, sonhos e hormônios. Eu não disse às freiras sobre aquilo, pois sabia que me impediriam de visitá-las e eu preferia mil vezes aquelas mulheres do que as do meu convento, mas disse às do Brasil e o único comentário que ouvi foi: "Mas o padre que é tio de uma das irmãs também está envolvido nisso?". Como eu poderia saber? Que ele me assediou, isso sim, e talvez as aulas de inglês que ele me oferecia faziam parte do "te dar as coisas" mencionado por essa freira e, obviamente, seus avanços era o modo de reivindicar o pagamento.

Tentei lhe escrever, mas você não dava a mínima. E com razão, você tinha esposa e filho e outros problemas mais "sérios" para gerir, como gostava de me dizer. Na última vez que me escreveu na África, você me dedicou o poema "Metade", de Oswaldo Montenegro, e fiquei com a frase "que a mulher que eu amo seja amada mesmo que distante". Entendi que você não podia me dar mais e me distanciei.

Um tempo depois, adoeci. Adoeci de silenciamento. Fui internada num hospital da cidade de Bronkhorstspruit. Estava tão devastada internamente que lamentava o fato de não ter um companheiro ao meu lado, ao ver uma senhora no leito de frente ao meu recebendo toda a atenção do seu marido, que a visitava todos os dias e lhe trazia frutas, meu desejo de ter um companheiro aumentou. Invejei-a, confesso. Queria que fosse você a me visitar. Um dia, quando estávamos sozinhas no quarto, perguntei a ela sobre os motivos da internação, pois eu via que ela mal conseguia andar. Foi quando ela olhou para os lados, para assegurar-se de que não havia ninguém, e disse em voz baixa: "Meu marido me bateu, quebrou-me algumas costelas, mas não disse nada a ninguém. Aqui no hospital falei que cai". Indignada, lhe indaguei: "Por que você não o denuncia?". Ela respondeu: "Não é tão simples assim". É, nada era tão simples assim.

Quando me despedi das irmãs senti uma grande compaixão também por elas. A "irmã da chave" do armário chorou na nossa despedida, uma senhora idosa, nariz grosso, tímida, silenciada, que viveu os horrores da segunda guerra, disse-me no ouvido: "Eu sei que não foi fácil". Abracei-a e choramos juntas. Entendi que ali havia mulheres opressoras, mas também oprimidas, com fortes traumas, com dores profundas e que, assim como eu, não foram ensinadas a falar. O Convento, para muitas, foi um porto seguro, seguro até mesmo para manter o silêncio sobre muitas questões da vida. Só que eu já não estava tão segura assim se queria continuar me calando.

Lyon, 18 de novembro de 2019.

Voltei ao Brasil e já não era mais a mesma. Contei o que ouvira das freiras sem útero, das meninas que comiam em lugares separados, do *apartheid* etc. Não houve estupor, a ênfase era apenas no fato de que eu não me adaptei. Era esse o ponto principal. Era isso o que mais lhes interessava na minha experiência nesses dois países. E, desde então, fui me afastando cada vez mais do grupo e me isolando numa solidão que não era nova para mim.

Nos primeiros anos de convento, como todas as iniciantes, tive que passar por terapia psicológica. Não vou dizer que foi ruim, algumas coisas me ajudaram a conhecer-me melhor, mas o fato de receber o diagnóstico acompanhada de uma freira demonstrava claramente uma relação de poder, pois nenhuma delas teve que passar por isso ao entrar. Fiz uma série de testes com uma renomada psicóloga de Goiânia, mulher branca, classe média alta e professora universitária. Todos esses testes criados na Europa ou nos Estados Unidos leem os seres humanos como pertencentes a uma psiquê universal a partir dos sujeitos dominantes. A minha trajetória de vida sequer foi levada em conta, o racismo que vivi desde pequena muito menos. No dia de receber os resultados, minha formadora austríaca acompanhou-me e as duas falavam de mim como se eu nem existisse naquele consultório. A psicóloga se dirigia a ela o tempo todo para falar de mim e ela apenas balançava a cabeça. A certa altura, a psicóloga disse: "Olha pra ela, ela chora por qualquer coisa". Eu estava no canto, acuada, chorando, e as duas mulheres brancas sequer se questionaram quanto ao lugar de poder que ocupavam e no final aquela que detinha maior poder de definir-me completou: "Eu não acho que ela sirva pra ser freira, pois não vejo uma luz nela, não transmite iluminação, sabe?". Jamais fui perguntada se concordava ou não e ainda precisei fazer terapia com a mesma mulher. O consultório ficava num dos bairros mais ricos da cidade, num prédio em que só entravam senhoras da alta sociedade e eu ali, com meu corpo negro, sentindo vergonha até mesmo de existir, precisando desnudar-me diante de alguém que não tinha escrúpulos em vestir seu racismo camuflado de ciência. Mas era aquilo ou estaria fora.

No convento, até tentei falar com uma das formadoras sobre os abusos cometidos por minha tia, mas ouvi dela o seguinte: "Ela te amava muito, pois eu amo tanto as minhas sobrinhas que posso imaginar o amor que ela sentia por você". No consultório psicológico, a mesma coisa, dessa vez por uma freira: "Deve ter sido muito difícil pra sua tia ter sua rotina de família alterada com a chegada de outra pessoa". O que não faltavam eram interpretações baseadas em crenças e em uma visão romantizada das relações humanas, dentro de uma ordem patriarcal, racista e religiosa que fazia com que mulheres colocassem outras mulheres nos seus devidos lugares.

A situação mais delicada para mim foi falar dos abusos sexuais que sofri dentro da minha família, pois a primeira vez que abri a boca num consultório, diante de uma freira, não falei de mim, mas disse que minha irmã havia sido abusada, tentando distanciar-me do ocorrido e testá-la, ouvi o seguinte: "As crianças exageram muito, então precisamos estar atentas para saber o que tem de verdade nisso". Se ela havia veementemente colocado em dúvidas esse caso que lhe trouxera, não ousei falar sobre a minha própria experiência. É assim que freiras acobertam casos de abusos, negando, deslegitimando ou recusando tocar no assunto para não terem que agir. A Igreja, como instituição, só está de pé devido ao pacto de silêncio que as mulheres fazem para proteger o patriarcado. São poucas, pouquíssimas, aquelas que rompem esse pacto, com um alto preço a pagar. Tinha uma freira alemã que morava comigo e fora abusada quando criança pelo pai e, às vezes, ela dava sinais de que precisava falar, mas tinha um grande muro onde sua palavra batia e voltava para ela. Ninguém tratava de forma transparente e aberta nem a sexualidade, nem o desejo e muito menos o abuso sexual. Acho até que teria o mesmo fim se tivesse me conformado ao silêncio, silenciando outras. As pessoas se conformam ao ambiente onde vivem para sobreviver, não necessariamente por maldade.

Uma vez, durante o almoço, uma das mais jovens, ainda sem filtros, soltou um "ai, que vontade de receber um abraço de um homem". Silêncio. Eu também não ousei dizer nada e por imitação ela deve ter aprendido que certas coisas não se dizem.

Num dos meus últimos encontros da Conferência dos Religiosos e Religiosas do Estado de Goiás, eu e um amigo franciscano tentamos levantar algumas questões sobre corpo, sexualidade e desejo para ver se suscitávamos um debate aberto e verdadeiro. Estávamos nós, freiras e freis na chácara dos capuchinhos, para mais um encontro. Eu e um franciscano ficamos de abrir o evento. A gente queria provocar debate, falar de sexualidade sem tabu, pé no chão, pois imagine, éramos uma juventude de 20 a 25 anos que não transava, hormônios à flor da pele. Os homens faziam, sempre fizeram, com a ajuda uns dos outros. As mulheres não, porque as próprias mulheres vigiavam umas às outras, controlavam as roupas, com quem falavam, se era perto demais, longe demais, e com um olhar nos censuravam. Eu me vesti de homem e o meu amigo de mulher. Eu falava do corpo do homem e seus desejos, meu amigo daquele feminino, após conversarmos antes sobre essas questões. Eu até cocei o saco para ficar bem característico. Acho que a turma mais velha não entendeu e se entendeu se fingiu de sonsa. No final, abrimos para o debate. Levantou uma freira da "melhor idade" e lançou a seguinte pérola: "Daqui a pouco a gente vai ter que pegar as menininhas de doze anos, porque as de dezesseis já não são mais virgens". Silêncio profundo. Qualquer mulher que ousasse falar seria enquadrada na categoria dois. Então, levantou outro franciscano e disse: "E quem disse que uma mulher tem que ser virgem pra entrar pro convento?". Silêncio novamente. Alguém tocou o sino lembrando que era hora de pausa. O assunto morreu ali. Meses depois eu saí, o que contracenou junto comigo também, e o outro que interferiu em defesa das mulheres fez o mesmo.

Sobre os momentos belos, posso lhe dizer que os três primeiros anos foram os melhores. Que fique claro que não foram somente dores e silêncios e que não era tão ruim como você me havia desenhado. Pelo contrário, os encontros, os estudos, as comunidades, as partilhas com algumas das freiras, as celebrações, o trabalho com a juventude e o ambiente de paz e de acolhida encheram-me a alma. Esses dias, revendo algumas cartas e cartões que guardo dentro de uma mala enquanto não compro um baú de madeira, reli cartões escritos pelas irmãs sempre que eu mudava de casa, viajava ou fazia aniversário. Guardo essas coisas como um tesouro, os bens que consegui juntar até agora.

Outra experiência que ainda me arranca risadas se deu no

primeiro ano, quando fui convidada por uma das freiras para ir ao cinema. Após as luzes se apagarem, ouvi o barulho de uma latinha de cerveja que se abria. Era ela que havia escondido duas latas na roupa larga, oferecendo-me quando o filme iniciou. Essas coisas me encantavam, assim como a vez em que deixei queimar o arroz e não fui punida ou xingada, como fazia minha tia. Quando me atrasava, voltando de algum lugar, eu era acolhida com ternura. Relações saudáveis curam e ressignificam nossas vidas, o problema, como diz bell hooks, é que a gente cresce e aceita a ideia de que o cuidado vem acompanhado de violência e de silenciamento e que se a gente recusar um, está também recusando o outro. Era isso no convento, havia coisas e relações que eu gostava, mas havia também uma estrutura opressora.

Quantas vezes, enquanto noviças, éramos chamadas pela formadora para ver o padre tocar violão como forma de massagear seu ego masculino, que vinha na nossa casa se exibir, tomar café, enquanto lavávamos a louça e o escutávamos. Quantas vezes ouvi da formadora o seguinte: "O homem usa mais o visível, as pupilas dele dilatam muito mais que as das mulheres, por isso é preciso não provocar o homem com roupas curtas"; ou "A homossexualidade é um problema com a mãe"; e ainda "Se a gente não sabe quando começa a vida, temos que condenar o aborto em quaisquer circunstâncias". Quanta violência nessas palavras, ou seja, se a gente não sabe uma coisa é melhor impor nossa visão de mundo ao invés de olhar para a vida concreta das mulheres.

Lyon, 19 de novembro de 2019.

    Estava lhe contando sobre meu processo de saída. Na volta da África do Sul comecei a estudar para entrar na universidade, fiz cursinho particular e aquele carinho e admiração das freiras começaram a virar tentativas de me testar o tempo todo. Tudo que vestia ou usava era motivo de censura e olhares. Piorei minha situação quando disse à coordenadora que eu havia ficado com um padre, com quem tive minha primeira relação sexual, e como o sentimento de culpa me corroía, acabei buscando por "punição", pois compreensão e diálogo sabia que não encontraria. As suas palavras foram as seguintes: "Que bom, que bom que você se sente culpada". Morreu ali a conversa. A culpa foi me corroendo até que busquei a confissão com um padre. Foi a minha desgraça, pois ele afundou-me ainda mais na culpa, acusando-me de não ter honrado o sacerdócio. Saí da confissão pior do que entrei, levando comigo de novo o ato penitencial: "por minha culpa, minha culpa, minha tão grande culpa". Já o padre que dizia morrer de amores por mim e queria que eu saísse por ele, meses depois engravidou uma moça da sua paróquia sendo transferido para o sul do país. Ao chegar lá, engravidou outra e, com um segundo filho, foi difícil a congregação mantê-lo dentro da ordem, mas ela o ajudou com um bom emprego e a reconstruir a vida fora.

    A Igreja é muito generosa com os homens, com o que ela chama de "fraqueza masculina", mas não mede seu punho de ferro para punir as mulheres. Só consegui livrar-me dessa culpa depois de encontrar uma freira feminista, de outra ordem religiosa, e mencionar meu desejo de chamar todas as irmãs e contar sobre o meu "pecado". Ela respondeu com a metáfora das bruxas assassinadas pela Igreja e pelo Estado durante a Inquisição: "Você quer ser chicoteada ou queimada em praça pública? Ninguém tem absolutamente nada a ver com isso. É seu". Suas palavras devolveram-me a paz e salvou-me de ter sido exposta, julgada e condenada pelo "tribunal de inquisição" que existia dentro do meu convento.

Anunciei que faria Ciências Sociais na Universidade Federal e isso foi recebido com aprovação, pois não precisariam pagar uma universidade particular como fizeram com todas as outras. Estudei e passei no final do primeiro ano que voltei. Foi muito frustrante a reação das freiras. Quase não me contive de alegria, um misto de incredulidade, orgulho e excitação. Estava prestes a entrar numa universidade pública, a primeira da minha família de escravizados, e nenhuma comemoração no convento, apenas a brasileira que sabia da importância que isso tem para os pobres me parabenizou. As outras me parabenizaram com um seco "que bom", enquanto eu via outros jovens da periferia comemorando com suas famílias numa alegria que extrapolava suas casas. Fui com alguns deles pagar promessa no Santuário de Trindade a pé e, alguns dos jovens, deixaram ali o pouco dinheiro que tinham como forma de agradecimento a Deus pela graça alcançada, dinheiro esse que deve ter ido parar na mesa de algum padre, numa loja de luxo ou nos programas com prostitutas e garotos de programa, o que é parte dos bens essenciais de muitos homens da Igreja. Andamos quase vinte quilômetros e ali, diante de um Deus que eu já duvidava se era realmente justo, agradeci.

Nesse período, fui acusada de não me ocupar da Igreja, da pastoral, de ser ausente em casa e de fazer pouco pelo "reino de Deus". Eu morava em uma das periferias mais violentas da cidade e trabalhava com grupos de jovens. Durante minha preparação para o vestibular eu fazia um cursinho particular no centro, o que para alguns dos jovens era inviável, pois a maioria trabalhava o dia inteiro e sobrava o período noturno para estudar. Eu levava cópias de exercícios que recebia no curso para eles no final do dia, alugava filmes e ensinava inglês. No dia do vestibular, fomos juntos, saindo no raiar do dia para não perder o ônibus e não chegar atrasados. Sentados no chão, enquanto esperávamos o portão abrir, muitos carrões dos pais que levavam seus filhos ou que faziam publicidade dos cursinhos mais caros da cidade e doavam barras de cereais e água. Eu via no rosto dos jovens o olhar de inferioridade ao se verem nos outros privilegiados e os corpos foram murchando diante daquele clima de ostentação anterior à abertura dos portões. Era a nossa pobreza *versus* a riqueza deles competindo por uma vaga numa universidade pública. E as freiras acusando-me de não fazer nada, de ser ausente do convento, da Igreja e de viver no meu mundo, transcurando o "reino de Deus". Se existe esse tal reino, certamente está fora das estruturas da Igreja.

Minha entrada na universidade foi uma mistura de felicidade e solidão. Consegui e estava me afastando cada vez mais da "casa" que havia encontrado e que me dava segurança. Os tempos foram duros, a convivência com as freiras também. Durante os estudos, morava numa periferia distante porque assim decidiram. Para chegar até o *campus* eu pegava quatro ônibus por dia, saía de casa ainda na madrugada, enquanto as outras, que estudaram antes de mim, moravam em bairros centrais. Mas, reclamar numa altura daquelas era complicado. Eu morava com uma freira com quem as outras não conseguiam conviver devido a sua dureza, mas eu precisava suportar. Existia um privilégio dado pela condição de mulheres brancas e europeias, embora isso fosse negado com unhas e dentes.

Quando estava no primeiro ano de faculdade nos encontramos em Belo Horizonte. Foi a última vez que te vi. Nos abraçamos forte e ficamos nos braços um do outro por um longo tempo. As palavras não saíram, disso me recordo bem. Você estava casado e tinha um filho pequeno, estávamos em diferentes fases das nossas vidas, como sempre. Você com filho e esposa, fazendo mestrado e eu ali, fazendo terapia, iniciando os estudos que tanto queria. Quando falei da terapia você comentou que deveria ser cara. Respondi que sim. Foi somente isso. Incrível como você ficava sempre calculando o preço das coisas e não entrava em questões mais profundas do tipo: "O que lhe incomoda para trazer-te aqui para uma terapia?" ou "o que lhe faz sofrer?". Eu estava ali diante de você, depois de anos, a coisa tinha bagunçado de novo na minha vida e você me dizendo que a terapia deveria ser cara. E era, mas tinha tantas outras coisas que você poderia ter me dito naquele momento. Falamos do seu mestrado, da sua vida de casado e vi que você estava orgulhoso, embora sentisse que minha presença também o abalou. Eu queria ter te amado naquele período, ter finalmente tido relações sexuais com você, mas não me senti no direito de entrar na sua relação e na sua vida daquele jeito. Nem nos despedimos e, ao mesmo tempo, sim.

Lyon, 2 de dezembro de 2019

Como eu queria saber da sua solidão de homem negro! A solidão da mulher negra tem sido contada por diversas de nós. E a solidão do homem negro? Enviei-lhe, assim que me divorciei, um tempo atrás, meu texto intitulado "Nunca me sonharam" e você comentou que a foto ficou linda e que escrevo muito bem. O conteúdo, como sempre, você não foi capaz de acessar. Fico pensando se é parte do domínio masculino ou se é uma forma de proteção, para também não acessar memórias e feridas. Em todo caso, posso falar com propriedade desse lugar da solidão, pois, como mulher negra, fui construída como um ser objetificado e meu lugar é o último na hierarquia social, outrora a serviço das sociedades coloniais, nas plantações, em pé de igualdade com o homem negro, também esvaziado da própria subjetividade e hoje, nos trabalhos informais, no trabalho gratuito, na agricultura, nas cozinhas e na subserviência.

Sei que parte da minha falta de vínculos com minha mãe se deu pelo meu corpo e pela minha cor. A única filha que nascera negra de uma mulher branca que sabia o valor de um corpo branco. Quando morei com minha avó ela confessou-me que ao ver-me pela primeira vez disse à minha mãe que eu era muito feia. Minha mãe retrucou dizendo que eu era a cara da minha avó. Uma mulher negra olhando para a neta negra e se vendo nela como feia. Olha a imagem que ela tinha de si, do seu não valor! Durante toda a minha infância senti isso na pele, seja pelo "cabelo ruim" que me atribuíram, pela minha invisibilidade, por exemplo, ao nunca ser escolhida para ser dama de honra de alguém da família, pois era preciso ser "bonita", uma "boneca". Quando me tornei negra, membros da minha família acharam um absurdo, os mesmos que me chamavam de "preta", "cabelo ruim", "nariz de chapoca" são os mesmos que dizem hoje que não sou negra.

Nesses dias lembrei-me de uma professora do Ensino Médio e ao puxar o "fio" da memória saíram tantas lembranças de professores e professoras que tive ao longo da vida e dei-me conta do quanto as escolas e a prática pedagógica são atravessadas pela opressão de gênero, raça e classe. Tomo consciência do quanto o magistério no Brasil foi, na minha experiência de estudante, um espaço onde mulheres ricas ou das classes mais abastadas ocupavam e mantinham contato com aquela parte da sociedade economicamente desprivilegiada e racializada para fazer da sala de aula um "puxadinho" da casa grande e da senzala. O contato dessas professoras privilegiadas com seus alunos, pobres e pretos, até então, se dava quase que exclusivamente nas cozinhas de suas casas.

Mulheres brancas e dos estratos privilegiados, no magistério, exerciam seu privilégio de classe, sua crença na própria superioridade racial, valendo-se da sala de aula enquanto prática de caridade e missão civilizatória, geralmente esposas de homens bem-sucedidos, elas se inseriam nas escolas para nos domesticar e nos conduzir ao caminho "bom", "justo" e "socialmente aceitável", pois não estavam ali pelo salário. Foi assim com grande parte das minhas primeiras professoras em uma escola pública do sertão de Minas Gerais.

No primeiro ano do Ensino Fundamental tive uma professora já idosa. Ela tinha os cabelos pintados e algo assustador: ela batia nas crianças. Era temida muito mais que respeitada. Nunca apanhei, mas tentei ser invisível para que ela não me notasse. Quem apanhava mais era um menino, coitado! Acho que ele apanhava sempre que ela o notava na sala de aula. Lembro-me dela se aproximando de sua carteira, levantando-o pelas orelhas e infringindo-lhe fortes palmadas pelo corpo, que estalavam fazendo um barulho aterrorizante. Ele não chorava, disso também me lembro, assim como de sua cor, preta. Quando essa professora saiu, a substituta anunciou que era proibido ir ao banheiro fora do horário do recreio, mas que para esse garoto ela abria uma exceção, pois sua mãe fora à escola comunicar que ele tinha problemas urinários. Hoje, até penso que era a causa das torturas e humilhações da última professora. Dela, não lembro o nome e nem faço questão de lembrar, sabedoria da memória, afastando de mim a brutalidade daquele meu primeiro ano de escola.

Tive outra professora depois dela, também rica. Talvez tenha sido a pior de todas. Ela era rica e sádica. Todos os dias antes de entrar na sala ficávamos em fila para que ela controlasse nossa "higiene". Ela mexia nos nossos cabelos, abria os fios, nos fazia abrir a boca e mostrar os dentes, além de controlar minuciosamente nossas roupas para ver se estavam limpas. Só depois disso podíamos entrar. Essa era a rotina. Aqueles e aquelas que, segundo ela, não estavam limpos, recebiam um longo sermão na frente de todos. Nunca recebi, mas morria de medo e passei um ano de grande insegurança, pensando ser a próxima a ter minha "falta de higiene" exposta como um pecado mortal.

Uma vez ela levou os dois filhos para a sala de aula e os colocou diante da classe, de pé, de costas para o quadro negro, para que pudéssemos apreciar o que ela chamava de "modelo de limpeza". A menina tinha a nossa idade, era loira, cabelos cacheados e uma pele tão alva que eu jamais vira antes. O menino era um pouco menor, com uma cabeça oval. Enquanto ela nos pedia para olhar e apreciar seus filhos, estes permaneciam imóveis e pareciam imensamente constrangidos com os olhares, mas diante da rigidez da mãe não ousaram desobedecer. Nunca me esqueci daquela cena: nós, crianças de escola pública, grande parte negra e parda, colocadas diante do nosso "outro", o ideal de limpeza encarnado na branquitude de seus filhos.

Tem mais: ela nos obrigava a levar escova todos os dias e sob seu olhar atento tínhamos que escovar os dentes. Certo dia, recebemos o comunicado de que um dentista viria à escola para verificar nossa escovação. O dentista chegou e se instalou no pátio. Descemos em fila e ao chegarmos todas as outras classes já estavam posicionadas por lá. De repente, todos os olhares caíram sobre o Toninho, um menino negro da minha sala, baixinho, que tinha todos os dentes amarelados. Toninho chorava desesperadamente e ao me voltar para a professora esta sorria com um sorriso e um olhar de gozo que eu nunca havia visto antes. Não sabia o porquê daquele sorriso diante do sofrimento daquele garoto tão amedrontado. Hoje, entendo o objetivo daquele dentista na escola. Era o de nos expor e expor a nossa pobreza para nos humilhar. Nada mais que disso, pois quando o dentista nos pedia para abrir a boca e controlava com seu aparelho, fazia cara de nojo, de desprezo ou de aprovação e em seguida gritava para todo mundo ouvir: "Tem dente para tratar" ou "Não tem dente para tratar". Era só isso. Tudo ali. Nenhum encaminhamento para um devido tratamento, nenhuma aula de prevenção, nenhuma conversa. Era por mero prazer da exposição. Penso, hoje, que fora ela, minha professora, a levá-lo na escola e montar aquele espetáculo de horrores para seu gozo e sua obsessão por limpeza através dos nossos corpos humilhados e acuados. Tento puxar na memória a reação do Toninho ao chegar sua vez, mas por mais que eu me esforce, não consigo. Talvez tenha apagado da lembrança aquele momento de tamanha covardia.

No segundo ano escolar tive uma professora que era esposa do maior comerciante de material de construção da cidade. Ela era de uma hostilidade tão grande com os alunos pobres e negros, mas distribuía sorrisos para os filhos de outros comerciantes da cidade. Lembro-me de uma vez em que ela disse que não queria ser chamada de "tia", e sim de dona Aparecida, mas abriria exceções para duas crianças da sala porque, segundo ela, eram próximas da família.

No ano seguinte, tive uma professora de Educação Física que além de trabalhar na escola pública dava aula no maior colégio particular da cidade, um colégio de freiras para meninas ricas. Ela resolveu fazer conosco a mesma coreografia que havia feito com suas alunas do outro colégio, com a música das Paquitas do Programa da Xuxa. E, assim, ela escolheu a dedo primeiramente as meninas loiras e as brancas de cabelos lisos, ficando as negras de pele clara como reserva caso as meninas não comparecessem no dia. Foi assim que ensaiei toda a coreografia como reserva de uma menina branca, cabelo escuro e liso, de franjinha, chamada Marcela. Que maldade rezar para que a menina não fosse no dia da apresentação, mas o fiz. E olha que minhas orações foram ouvidas. Marcela, no dia, não havia levado a bermuda branca que era obrigatória e, então, a professora pousou o olhar sobre mim. Entrei na coreografia como uma das Paquitas da Xuxa. Hoje, penso na ansiedade que vivi, no sofrimento de todas nós, meninas negras, mas sobretudo daquelas de pele mais escura que a minha que foram completamente excluídas.

Quando me mudei do interior para a região metropolitana de Belo Horizonte, deparei-me com uma escola mais segregada, todos os alunos eram filhos de operários mesmo. A diretora e a coordenadora provavelmente viam a escola como um depósito de pobres. Não havia atividades lúdicas, não havia nada que fizesse sentido ali, especialmente a fila, às 13h30 da tarde, no meio do pátio sem cobertura, para cantar o Hino Nacional. Aliás, o que mais me lembro da escola eram das filas e esse momento de extremo calor onde nenhuma criança podia se mexer.

Depois me mudei para Contagem, para o bairro onde nos conhecemos, de classe média. Tive professores de condição social bastante elevada. Uma delas gostava de contar sobre como sua filha, da nossa idade, era educada até mesmo para lhe pedir um par de tênis. Nunca entendi a importância que aquilo tinha para as nossas vidas; a sua prática educativa era muito autorreferencial. Depois tive o Geraldo, professor de Matemática. Ele chegava com sua picape grande, barba e aquele jeito superior de patriarca. Uma vez, no meio da aula, ele tirou da carteira uma nota de cinquenta reais e entregou a uma aluna, ordenando-a que fosse até a sala da diretora pedir que lhe comprasse giz e apagador decentes. Ficamos ali meio atônitos com o gesto. Era atitude típica de homem exercendo seu poder e tratando o mundo como extensão de si mesmo e de suas vontades.

Foi também nessa mesma escola que tive as primeiras professoras negras da minha vida. Eram duas mulheres negras retintas. A primeira, professora de Artes, a segunda, de Educação Física. A primeira usava tranças rastafári nos cabelos e falava coisas que só fui entender anos depois. Uma vez ela disse mais ou menos assim: "Imaginem o Mussum, (personagem do programa Os Trapalhões) chegando numa cidade do sul do país e dizendo 'a cor dessa cidade sou eu', como faz a Daniela Mercury em Salvador!". Silêncio na sala, ninguém havia entendido. Essa professora estava anos-luz à nossa frente em termos de consciência racial e de igualdade de gênero. Mas, foi um acontecimento durante a sua aula que marcou profundamente minha consciência. Era manhã de uma segunda-feira quando ela entrou na sala e um dos alunos se dirigiu a ela dizendo: "E aí professora, tomou umas pinguinhas nesse fim de semana?". A professora parou, olhou-o seriamente e replicou: "É a minha cor que te faz associar-me à bebida? É por que sou negra? Se eu fosse uma professora branca você faria esse mesmo comentário?". O menino foi sumindo na cadeira e se defendeu dizendo: "É brincadeira, professora, não sabe nem brincar?". Naquela época eu tinha uns treze anos e só hoje consigo entender a solidão daquela professora numa escola daquelas e do racismo que sofreu nas palavras, aparentemente ingênuas de um aluno. Ele nunca havia falado assim com uma professora branca. É "brincando" que o racismo sai, para neutralizar a reação da vítima. Os comentários na escola eram de que ela era uma negra raivosa, que não sabia brincar.

A segunda professora, de Educação Física, era conhecida por ser rígida e dela se dizia: "Com ela não se brinca". Acho que ela sabia que precisava ser assim para ser levada a sério e ter algum respeito. A mulher era de uma força impressionante, tanto física quanto intelectual. Ela tinha músculos por todo o corpo e não alisava o cabelo. Quando alguma menina dizia que não podia fazer aula de Educação Física porque estava menstruada, ela replicava: "E desde quando menstruação é doença?". As outras professoras de Educação Física nos davam uma bola e se sentavam no canto até o horário terminar. Essa não. Além de nos explicar a importância do esporte, de uma vida saudável, ela nos fazia malhar, jogar, trabalhar em equipe. Foi ali que entendi a importância da matéria. Inclusive, ela era treinadora de um time de *handball* fora dali e convidou-nos para fazer parte. Fui algumas vezes aos treinos, mas minha tia proibiu-me de continuar. Alguns colegas de sala participaram até de competições intermunicipais. Uma delas, que tinha problemas com a mãe e o padrasto, contou-me que a professora conseguia fazê-la canalizar a raiva para o jogo e isso estava mudando sua vida. Confesso que senti inveja, pois quis muito participar. Uma professora que canalizava a raiva das alunas para o esporte, que revolucionário! Uma vez a encontrei depois de ter saído daquela escola, tomando café na padaria perto da casa da minha tia. Aquela musa cheia de músculos na minha frente! Tentei passar de fininho, fingindo não a conhecer, mas ela gritou meu nome e fez sinal para que me aproximasse. Deu-me um abraço e ofereceu-me um café, mas fiz sinal de que precisava ir, saindo extremamente comovida. Eu não era invisível para ela.

Fui para o Educação Física na Fundação de Ensino de Contagem (Funec). Lá tive uma professora de Biologia, negra, também empoderada. Lembro-me até hoje das mitocôndrias que construí com biscoitos e gelatinas, dos trabalhos em grupo e das exposições orais que me fizeram vencer a timidez de me apresentar em público. Você também teve uma professora de Biologia que marcou sua vida, não é? Preocupado se a sua deficiência era algo que seu filho poderia herdar, você a indagou e ela pacientemente o tranquilizou, explicando que a sua paralisia foi devido a um vírus e por não ter sido vacinado. Conhecimento cura nossas dores. Ah, se cura!

Foi um episódio em aula, aparentemente desligado do

conteúdo, que me fez amar Biologia. Na primeira carteira sentava um menino, também negro, que toda vez que a professora falava, ele ria e fazia piadas. Um dia, ela parou bem diante dele, olhou-o nos olhos e disse: "Incomoda eu ter a tua cor e estar aqui nessa posição, não é?". Olhos arregalados para todos os lados. O menino ficou sem graça e talvez tenha entendido na hora a mensagem, eu levei anos. Depois daquilo, o menino era outro, solícito e respeitoso com a professora. Ela não estava na senzala e nem em locais de submissão, era detentora de conhecimento e saber, o que talvez o tenha desorientado, pois acostumado a ver a mulher negra em posições de submissão e sendo ridicularizada, entendera que era assim que se tratava uma negra, mesmo se esta fosse a própria professora.

Depois dessa escola mudei para outra, da mesma fundação, e o que me esperava ali me virou ao avesso e deu-me asas, abrindo horizontes e sacudindo a minha existência. Era ela, Neuza, mulher negra, alta, de uma corporeidade em pé em todos os sentidos, não se curvava e quando entrava em sala de aula parecia ocupar cada espaço. Ninguém piscava durante suas aulas, ninguém dormia, ninguém bocejava, não dava tempo. Neuza entrava falando de educação libertadora, de opressão, de direitos, de pensar, de questionar tudo o tempo todo. Ela trazia textos que fui rever na universidade. Neuza suscitava debates, diálogos, pensamentos não pensados. Ela nos mandava para campo, para alfabetizar pessoas e criar métodos próprios, jogos e brincadeiras. Suas aulas eram dinâmicas e o questionamento e o confronto se davam do início ao fim.

Uma vez um pai de uma aluna, o "chefe da família", sentiu-se no direito de ir até a escola reclamar da metodologia da Neuza que, segundo ele, tirava sua filha do espaço doméstico, lançando-a nas ruas. Neuza, elegantemente, com aquela postura de rainha africana, contestou:

– O senhor leu *Educação como prática da liberdade*?
– Não.
– O senhor leu *E agora, escola*?
– Não.
– O senhor leu *Pedagogia da autonomia*?
– Não.
– Então, quando o senhor ler, volte aqui que conversamos.

Neuza era assim, não se curvava a ninguém, não abaixava a cabeça e sabia exatamente como desarmar aqueles que a queriam na cozinha e na senzala. Neuza me ensinou a não aceitar as correntes, a colocar-me de pé, a me posicionar e a ver onde estava a opressão. Neuza me ensinou o feminismo antes mesmo de saber o que era. Uma das dores maiores que trago comigo foi ter saído dessa escola bruscamente quando saí da casa da minha tia depois da primeira viagem para o convento. Durante muitos anos sonhei com aquela turma e com a Neuza, até que no último sonho consegui me despedir.

Eu imagino sua dor como menino negro nas escolas, mas queria ter tido a oportunidade de conversar com você sobre isso. Uma vez você contou que sua mãe o carregava nos braços por quilômetros à procura de tratamento médico para sua deficiência física. Penso que não foi fácil para você e ainda hoje não deve ser. Por isso, acho que perdemos a chance, nesses anos todos, de contar um para o outro a nossa história e as nossas dores negras. Essas acusações que você traz sempre sobre quem deixou quem, quem disse "não" a quem, só nos afastou ao invés de nos unir. E quando eu o chamava para "abrir o leque", para nos vermos em um contexto maior do que os nossos desencontros, você me agredia.

Lyon, 3 de dezembro de 2019.

Por que nunca conseguimos entrar em uma conversa mais profunda sobre nossas vidas? Por que foi tão difícil para você ouvir?

Nunca pude contar do meu percurso escolar em família, porque nela eu também era invisível e ela se via nos olhos dos mais poderosos, ou seja, em qualquer ocasião ou circunstância nós sempre estávamos errados. Minha família não sabia se defender e defender uns aos outros. Ela aceitou a imagem de inferioridade e de não valor na sociedade. E como menina negra, eu estava exposta a uma modelagem, como diz Butler, a uma forma social que me expunha a forças que eu não controlava.

Quando minha mãe era viva, passei muito tempo na casa da minha avó, no interior, e ela trabalhava saindo de madrugada para plantar eucaliptos. Eu ficava o dia todo sozinha, já aos cinco anos. Quando fui morar de vez com ela, qualquer parente que chegava e quisesse me levar de férias ou para ajudar nos serviços de casa minha avó liberava. Por um lado, conheci tantas coisas e outras realidades; por outro lado, não houve proteção, o que me fez viver e sentir desde cedo uma profunda solidão e abandono, condição de grande parte das meninas negras na sociedade brasileira. Como entendo a solidão de uma criança negra que precisa desde cedo ficar com qualquer pessoa para que a mãe trabalhe. Eu também nunca levei meus "problemas" da escola para ninguém da minha família. Aguentei sozinha essa trajetória escolar bastante violenta. Uma vez, por exemplo, quebrei, sem querer, o arco de cabelo de uma menina branca e fui obrigada a pagar por ele o ano inteiro, sofrendo ameaças dos seus irmãos mais velhos. Escondia-me na entrada e no recreio para que ninguém me visse durante todo o meu terceiro ano escolar e cada moeda que recebia do meu pai era para pagar essa "dívida". Não sei quanto dinheiro dei a ela, mas sei que comprei por diversas vezes o seu lanche escolar, enquanto eu comia na cantina da escola.

A solidão se dava também com relação aos homens quando fui crescendo e entendendo que a maioria me via como um corpo para ser usado sexualmente. Era o corpo que os meninos tentavam de todos os jeitos ter acesso, porque corpo construído para o abuso. Eu não estava segura dentro de casa e tampouco fora dela. Não há um lugar onde eu, mulher negra, sinta-me segura nesse mundo. A "missão" de uma mulher, na minha família, era a de proteger a virgindade, enquanto a dos homens era avançar sobre esse corpo. Fugia do meu primo, do tio que me espiava pela fechadura do banheiro ou me perseguia pela casa, do meu cunhado, vizinhos...

Minha irmã foi liberada para trabalhar fora, em uma loja, mas quando eu fui escolhida para ser monitora pela dona da escola de datilografia onde fiz o curso, minha tia não deixou que eu saísse do trabalho doméstico, dizendo que precisava de mim na casa. Meu corpo era da casa, do trabalho doméstico, invisível e desvalorizado, porém, público para o usufruto dos machos ao meu redor.

Lyon, 5 de dezembro de 2019.

Hoje me veio à mente as suas cutucadas ao insistir em dizer que minha vida não era vida de verdade e que as suas lutas eram mais legítimas que as minhas. Esses anos todos falando do seu trabalho, do quanto você venceu na vida, nas últimas vezes até me disse assim: "São 25 anos de trabalho como professor"; em outra, você me escreveu para dizer que havia batido o carro. Pois bem, comecei a trabalhar bem mais cedo que você. Só que meu trabalho sempre foi invisível para essa sociedade patriarcal burguesa de supremacia branca, que se esqueceu de colocar na conta, pois o que nós, mulheres, fazemos não conta como trabalho e ainda nos ensina que isso é amor e doação. Trabalho para você é o da vida pública, da carteira assinada, não é? Eu lavo pratos e roupas, cozinho, arrumo casas desde que me entendo por gente. Aos nove anos já cozinhava, enquanto os meninos da minha família brincavam na rua o dia inteiro. Trabalhei na casa da minha tia por anos, sem férias, salário, direitos, nada, nem sequer reconhecimento. Até mesmo quando alguém precisava ser hospitalizado, era eu quem ficava no hospital como acompanhante. Com minha avó, fiquei por quase um mês dormindo e me alimentando numa cadeira de quarto de hospital sem que ninguém se oferecesse para substituir-me. Foi somente um médico que, vendo-me todos os dias ali, proibiu minha avó de ter acompanhante para ver se a família acordava.

As meninas pretas sempre aguentam porque somos vistas

como fortaleza, que tudo suporta, tudo carrega. Não ousava reclamar, pois era a imagem que mais me protegia e pela qual recebia algum reconhecimento. Um dia, cansada do ambiente hospitalar, fui para a casa tomar um banho em um chuveiro decente e enxugar-me com toalhas que não fossem as do hospital. Ao chegar em casa, minha tia dormia no sofá, confortavelmente. Ao ver-me, ela levou um susto e inventou que estava passando mal, assim, precisei voltar para o hospital.

    Minha avó, no estágio avançado do câncer, sabendo que iria morrer, começou a demonstrar raiva em relação ao meu avô, sendo a primeira vez na vida que se deu esse direito e recusou a dirigir-lhe a palavra quando ele foi visitá-la pela última vez. Aquela cena ficou impregnada em mim: ele entrando no quarto e ela virando o rosto para o lado e em silêncio ficou durante todo o horário de visita. Ao contrário de quando foram seus dois irmãos, criados longe dela. Antes que chegassem me pediu para arrumar seus cabelos para que a vissem de forma digna e, ao entrarem, não escondeu aquela alegria dolorosa por estarem ali, os três, pela primeira vez juntos. Um tempo depois, após negar ao seu algoz o último adeus, ela se permitiu morrer nos meus braços.

    Meses mais tarde, a mesma situação se passou com o meu tio. Ele foi atropelado por um caminhão, quebrando costelas e a bacia, passou por diversos tratamentos e a internação foi longa. Minha irmã desmaiou ao ver sua ferida em carne viva e depois disso foi dispensada. Mais uma vez era meu corpo que aguentava, só que agora ele começava a demonstrar sinais de que foi demais para uma menina.

    Lendo um livro na cadeira de acompanhante, um dos médicos começou a olhar-me com um olhar que já conhecia, depois disso convidou-me para tomar uma Coca-Cola no bar do hospital. Ao retornar para o quarto do meu tio, ele pediu-me um abraço. Um médico se aproveitou da minha condição, da minha vulnerabilidade e dos meus silêncios. Aliás, não existe homem que se beneficie da dominação sobre as mulheres que não tente se aproveitar da nossa condição.

No convento não foi diferente! Eu ia de bicicleta trabalhar nas comunidades de periferias, longe de casa, à noite. Às vezes, reuniam-se até trezentos jovens no mesmo local, meninos e meninas que não sabiam o que fazer naquele lugar que não oferecia lazer, encontros, atividades culturais, tampouco serenidade. No segundo ano de convento, fui chamada para ocupar uma vaga de professora no Estado. O último concurso exigia apenas o magistério e as irmãs pediram-me que renunciasse para conciliar com a formação de noviça. Então, fui trabalhar por um ano numa escolinha particular no bairro perto de casa, sem carteira assinada, estilo "fundo de garagem", feita para arrancar dinheiro muito mais do que para educar. As irmãs disseram que era "doação ao reino de Deus" e que teria outras oportunidades futuramente. Renunciei sem grande dor e foi somente ao sair do convento que me arrependi, pois no momento em que as freiras poderiam também doar para o "reino de Deus", elas me deram a migalha de trezentos reais durante três meses e, ainda, consideraram ser o justo por todos os anos de trabalho. Sem contar que ensinei a muitas a Língua Portuguesa dentro da congregação, corrigi textos para elas, fiz fichamento de documentos do fundador, preparei encontros, estudei e compartilhei meu conhecimento com elas, aconselhando livros que muitas sequer conheciam. Depois de sair, trabalhei sem carteira assinada em organizações não governamentais, que também era muito mais "doação" do que trabalho.

Com o casamento, o trabalho aumentou. Quantas noites sozinha, com filho pequeno, enquanto o marido viajava para fazer carreira! Quantas renúncias para ver meu filho crescer, levar ao pediatra, acudi-lo na doença. Fiz também muitos trabalhos para meu marido na sua pós-graduação, pois ele tinha dificuldades com interpretação de texto. Já passei muitas camisas para que ele fosse às reuniões de trabalho de forma impecável e continuo trabalhando no anonimato. Faço doutorado sem bolsa, escrevo artigos científicos gratuitamente. É trabalho sim, meu querido, mas nunca fui até você buscar reconhecimento e aplausos.

Até imagino o quanto você esteve ausente do trabalho, em casa e com os filhos para poder fazer mestrado e doutorado. Espero muito que você reconheça o quanto sua esposa trabalhou para você ter seus títulos de estudo. Nós, mulheres, não podemos contar com isso, a gente arrasta trabalho, filho, casa, estudos e, ainda, todos os problemas da família e do mundo. O investimento afetivo, se fosse contabilizado, nos tornaria ricas.

Alguns anos atrás, perguntei-lhe se sabia da minha data de aniversário, pois eu sabia da sua e diversas vezes lhe escrevi para parabenizar. Você respondeu assim: "Homem não liga pra essas coisas". É revelador o descuido e a indiferença dos homens para com as relações, deixando a cargo das mulheres essa tarefa de organizar até mesmo a agenda dos homens e a vida social deles. O pai do meu filho nunca ligou para os pais de um dos coleguinhas do nosso filho, nunca teve que levá-lo às festinhas de aniversário ou para visitar os amigos, nunca organizou um aniversário, nunca tomou iniciativa de planejar encontros com amigos, a nossa vida social e cultural era toda por minha conta. A gente faz isso o tempo todo e requer tempo, energia e habilidades relacionais. Mas a lógica masculina só consegue enxergar o sucesso dos homens e o retorno financeiro, jogando-nos para a sombra. Isso é subtração de afetos e poderíamos investir em nós mesmas e em fazer as coisas somente por nós, mas fomos educadas para servir aos outros, do contrário somos taxadas de egoístas. Tenho aprendido a ser "egoísta" e isso é libertador.

 Beijos.

Lyon, 10 de dezembro de 2019.

Olá,

Nem percebi que o tempo passou escrevendo-lhe. Parei na terapia e lhe contarei em que ponto eu estava quando nos vimos pela última vez. Nesse tempo de escrita, você apareceu novamente para me deixar suas insatisfações. As conversas foram duras, o que me levará a responder mais à frente e a lhe mostrar o quanto você nunca questionou seu lugar de homem na sociedade, de homem negro, porque sei que a sua humanidade e masculinidade não foram construídas da mesma forma que as de um homem branco, você precisou enfrentar inúmeros obstáculos a mais. Não sei se nessa altura da vida você teve tempo de olhar para isso, para a masculinidade que encarna, mas ela tem me afetado, sobretudo suas idas e vindas e suas palavras que chegam apenas para ferir.

Vou falar como fui construída como mulher negra e como me desconstruí. Começo dizendo que essa sociedade patriarcal encarnada na família, na Igreja, no Estado, me objetifica e esvazia-me de subjetividade, sonhos e utopias, até mesmo os relacionamentos amorosos, pois esses sempre tentaram subjugar-me e controlar meu corpo, meu gozo e minhas escolhas. A estratégia é silenciar-me o tempo todo. Lutei contra isso a vida inteira e você aparece quando quer, vai embora e some novamente, e ainda busca reconhecimento de minha parte pela sua carreira, além de elogios e adoração? Não aceito.

Neguei-o todas as vezes em que veio até mim somente por causa disso, sem sequer querer saber da minha vida, das minhas dores, ignorando todas as vezes que tentei lhe contar. Exemplo disso foi quando lhe disse que meu pai faleceu, no ano passado, e não obtive uma única palavra sua de conforto, e você o conheceu. Ao negar-lhe bajulação, se voltou contra mim com fúria e violência, impondo-me sua interpretação sobre mim, usurpando-me até o direito de lhe dizer como eu estava, pois sempre que eu dizia que estava bem você respondia: "E ainda tenta esconder seus verdadeiros sentimentos". Como se você soubesse dos meus verdadeiros sentimentos. Talvez você não saiba nem dos seus. Quer a verdade? Dar-lhe-ei, nua e crua e não me venha com interpretações.

Na última vez que nos vimos, em Belo Horizonte, fui para fazer terapia e tentar ver de perto o abuso que sofri aos cinco anos de idade pelo meu avô e sobre o qual todos da família sabiam. Viajei quatorze horas de ônibus, fiquei hospedada perto da clínica onde essa psicanalista atendia, num bairro nobre da cidade. Agendei meses antes por indicação de uma freira, de outra congregação, que havia feito o mesmo tipo de "tratamento". Eu estava ansiosa pelas sessões e começamos com relaxamentos, conversas e depois passamos para as hipnoses. Fiquei consciente todo o tempo e lembro-me bem dos detalhes. Como não lembrar?

Fui colocada diante daquela experiência traumática. Experiência essa que eu não havia contado a nenhuma freira e tampouco àquela que era minha psicóloga durante o segundo ano de formação. Até tentei, mas vou lhe dizer uma coisa: o patriarcado, tão enraizado nas pessoas, mulheres inclusive, reproduz-se e renova-se a cada época, pois se alimenta do silêncio e do silenciamento das mulheres. Grande parte daquelas da minha família e do contexto religioso está engajada na defesa desse sistema com unhas e dentes, algumas usam da religião, outras da tradição e outras até mesmo da ciência.

Mulheres aprenderam pela violência, por repetição, comodismo ou vantagens, a reproduzir o patriarcado e a colocar outras mulheres no lugar da docilidade à serviço dos homens, usando, com isso, as mesmas táticas masculinas. Nas poucas vezes em que tentei falar, e digo isso porque tentei realmente, em diversas fases da minha vida e para diversas pessoas (padres, freiras, professores, psicólogos, médicos, vizinhos, parentes...), o mecanismo era sempre o mesmo: colocar-me de volta no lugar do silêncio para manter as coisas como elas são, porque é essa a função do silenciamento. Ouvir de verdade e não agir torna o outro cúmplice, então impedir que se fale é estratégia para se livrar da obrigação de agir contra qualquer injustiça. O silêncio é mais cômodo e são poucas as mulheres que conseguem romper essa dinâmica, falando e deixando falar as outras, deixando a dor e a raiva se manifestarem. Deixar sair a raiva de outra mulher e acolhê-la requer rever a própria trajetória de vida e valores, mas a maioria não o faz e nunca o fará, pois desestabiliza.

Durante toda a minha vida fui silenciada, até por você, que poderia ter ouvido mais do que falado, mais do que julgado, mais do que vindo até mim buscar aplausos e afagos para o seu ego. Além das pessoas insistirem no silenciamento, todas as instituições sobrevivem dele e quando nos deixam falar o repertório já está dado, temos apenas que cumprir com os rituais. Como diz Audre Lorde, "meus silêncios não tinham me protegido". Meus silêncios só fortaleceram o patriarcado, a supremacia branca e contribuiu para o abismo social. Olha que me considero uma mulher que fala, mas ainda não falei o suficiente, ainda não joguei na cara do mundo meu silêncio imposto pela violência, pela humilhação, ou conquistando-me a confiança.

    A Igreja não estaria de pé se não fosse pelo silêncio, sobretudo o nosso, das mulheres, que contribuíram para fazer dessa instituição a morada dos homens, dando-lhes poder para melhor nos controlar. Saí de uma família patriarcal e racista e entrei numa instituição patriarcal para seguir um Deus patriarcal. O convento salvou-me da primeira e em certo momento da minha vida eu precisava me salvar das duas se quisesse continuar existindo. Havia pessoas questionadoras lá dentro e de uma profunda prática libertadora, mas eram poucas. Tive a sorte de encontrar algumas delas, sim. Nem tudo foi silêncio, falei a verdade do mundo, aprendi muito sobre injustiça, luta, resistência, mas ainda estava longe da verdade sobre mim.

    A Igreja não me conheceu, tampouco o mundo. Fechei-me num profundo silêncio e deixei que, por anos, família, freiras, psicólogas, professores, padres, marido, dissessem qual era a verdade sobre mim. Não é à toa que um dos testes psicológicos que fui obrigada a fazer para entrar na congregação apontasse o diagnóstico de paranoia. Que negro ou negra no Brasil nunca foi considerado paranoico? Só entendi recentemente, ao ler a tese de doutorado de Sueli Carneiro. Ela fala da paranoia que a branquitude nos atribui, negando-nos o direito à verdade e desqualificando a verdade que trazemos. É assim: "Você está vendo a verdade, mas a gente nega que você está vendo-a e o problema se torna você". Neusa Santos Souza também aponta isso no seu livro *Tornar-se negro*, assim como Grada Kilomba, Frantz Fanon, entre outros. Foi a religião e foi a ciência dizendo-me isso, como eu, na minha pequenez, poderia contestar?

Foi assim que pensei que essa terapia me salvaria, deixando emergir a minha verdade.

A profissional, mulher rica, branca e extremamente católica, pediu-me durante uma das sessões para dizer um número ao acaso. Falei o número cinco. Não sei o porquê, mas o inconsciente sabia, assim ela havia me instruído. Voltamos à minha idade de cinco anos.

Ela: Onde você está?

Eu: No quintal da casa da minha avó.

Ela: Sozinha?

Eu: Sim.

Ela: E o que está acontecendo?

Eu: Entrei na casa pra pegar uma bolinha.

[Lembro-me, mesmo à distância de anos, da bolinha de plástico, de um lado azul e do outro rosa. Era dessas que vinha junto com balas. Minha avó trabalhava e às vezes dava-me dinheiro para comprar doces no mercado perto de casa. Eu havia guardado essa bolinha dentro do armário azul, de madeira, que tinha na sala da minha avó. A geladeira também era azul, para combinar com o armário.]

Ela: E o que aconteceu?

Eu: Meu avô chegou por trás, abraçou-me e levou-me para o quarto, sentando-me no colo dele.

Ela: E o que ele está fazendo?

Eu: Deu-me um beijo na boca e tocou-me as partes íntimas.

Ela: E o que aconteceu depois?

Eu: Ele falou pra eu não contar a ninguém.

Ela: E você?

Eu: Fiquei com medo, pois pensei que se ele havia pedido

isso era porque aquilo que ele estava fazendo era errado. Saí da casa com muito medo e ele chamou-me de volta e deu-me dinheiro pra comprar balas. Mas, antes de sair, ouvi-o dizer "ela vai contar".

Ela: E você contou?

Eu: Fui pra casa da minha tia ao lado, tremendo, e contei a ela. Ela disse que não era pra ficar falando aquilo e continuou os afazeres domésticos como se nada tivesse acontecido e ainda me mandou comprar as balas. Dirigi-me até o mercadinho na mesma rua, tremendo o caminho inteiro, e esse parecia tão longe, mas tão longe, e comprei as balas. Enchi minhas mãos e morrendo de medo voltei pra casa. Nem me dei conta de que as balas eram, na verdade, pra mim. Ao chegar, minha tia, mandou-me de volta até ele para dar-lhe as balas. Chamei por ele na porta, por medo de entrar, e ele respondeu: "São pra você", com um sorriso perverso que nunca esqueci. Contei pra minha avó assim que chegou em casa e ela se virou com fúria contra mim, dizendo para eu parar de falar besteiras. E nunca mais falei disso pra ninguém.

Ela: E o que você foi fazer dentro da casa?

Eu: Fui pegar minha bolinha.

Ela: Não. Olhe bem. O que você foi fazer dentro da casa?

Eu: Fui pegar minha bolinha.

Ela: Olha com calma. [Sua voz havia mudado de tom, era mais baixa e suave.] Seu avô estava lá dentro e você sabia que ele estava sozinho. Você sabia o que ia acontecer porque o seu inconsciente se comunicou com o do seu avô. Então, por que você entrou na casa?

[Eu não sabia o que dizer. Fiquei confusa e demorei a achar uma resposta.]

Eu: Eu entrei na casa pra me vingar da minha mãe.

Naquele momento, ela se contentou com a resposta e pediu-me para descrever a relação com minha mãe que, por sua vez, era marcada pelo ressentimento. Aquela era a resposta: "Eu entrei na casa do meu avô pedófilo, aos cinco anos de idade, sabendo que iria ser abusada para me vingar da minha mãe". Demorei vinte anos para falar do abuso, para reviver aquele momento doloroso, para quebrar o pacto de silêncio que me impuseram e fui novamente violentada e silenciada, com a ajuda de Freud e da Ciência. Mulheres brancas, das classes altas no Brasil, têm prazer em nos subjugar e nos veem através das lentes das Imagens de Controle, como bem apontou Patricia Hill Collins. A minha, era a da menina negra hipersexualizada já aos cinco anos de idade.

Demorei mais quinze anos para descobrir que fui abusada novamente, naquela sessão de Psicanálise, por uma mulher branca da elite. Consegui falar disso novamente depois de outros quinze anos para outra terapeuta que, dessa vez, olhou-me e disse: "Foi abuso". Como foi libertador ouvir isso. Aquela mulher nem imagina o bem que me fez, restituindo-me o direito à verdade que eu já sabia, mas falando sozinha passava por louca, por revoltada, raivosa, por alguém que não sabe perdoar. Aquela sessão de terapia salvou-me de todas as outras que eu havia feito antes.

E foi naquelas condições que nos vimos pela última vez. Foi um encontro rápido, porque, novamente, estávamos em fases diferentes. Eu tinha tanta coisa para lhe contar, mas infelizmente não consegui, de novo. Isso tudo no meio do meu primeiro ano de universidade.

Voltei para Goiânia, para o mundo que havia construído lá, e ao chegar, tão devastada, uma freira buscou-me na rodoviária e assim que me viu, disse: "Te vejo tão mais presente depois dessa terapia". Somente confirmei com a cabeça, cansada de dizer o que não podia dizer. Meus dias depois daquela viagem foram horríveis. Partilhei apenas parte da terapia com uma das irmãs e ela ajudou-me a sair daquele estado de apatia em que me encontrava. Segui firme nos estudos e o tempo foi passando.

 Sobre essa terapia malfadada, lembro que você me disse em tom de ironia que se eu continuasse "regredindo", se referindo à modalidade de terapia, chegaria até Sócrates. Acho que você tinha razão. Foi violento. Foi desnecessário. Anos mais tarde, quando outra psicanalista me devolveu o direito à verdade, eu já questionava as epistemologias masculinas e eurocêntricas. O feminismo salvou-me, mas foi o feminismo negro que me colocou de pé e forneceu-me o oxigênio necessário para continuar vivendo. Li a filósofa Luce Irigaray, como ela desconstrói Freud e sua teoria de que a menina seduz o pai na infância. Para ela, Freud ouviu diversos relatos de suas pacientes sobre os abusos que sofriam dos próprios pais, mas na sua condição de homem, rico, hétero, cientista, preferiu desacreditá-las ao invés de responsabilizar os homens da alta sociedade, criando, assim, uma teoria para culpar as vítimas, aquela da menina que seduz o pai na infância e tem inveja do pênis. Esse esclarecimento foi concomitante ao meu processo de desvelamento dos mecanismos do racismo na nossa sociedade escravocrata e colonialista, pois eu não sei se essa psicóloga rica tem a mesma leitura para mulheres da alta sociedade ou somente para mulheres como eu, vistas de forma desumanizada e moralmente inferiores.

 Durante as sessões, eu ainda participava das missas na capela construída dentro da clínica. Sim, uma capela num consultório de psicanálise. Eu estava diante de dois poderes de definição legítimos e legitimados, não poderia vencer, não naquela época. Quando decidi não voltar mais naquela terapia, no ano seguinte, isso foi interpretado pela coordenadora do meu convento como uma recusa a "trabalhar" o meu "eu" e a conhecer-me melhor. Na ocasião, havia desistido de todas as terapias e psicólogas, das orientações espirituais com mentores, das confissões com padres, pois todos e todas estavam a serviço de uma visão patriarcal e burguesa de mundo, inclusive as mulheres. Eu estava murchando. Uma coisa ou outra serviu para eu ser uma pessoa melhor, para rever minha própria história, aquela da minha família e da sociedade, assim como fortalecer meus valores. A vida religiosa aumentou meu capital cultural, não posso negar, mas no geral, era tudo muito castrador. Por incrível que pareça, comecei a sentir-me bem com a recusa, mais perto de mim do que antes, porém, bem mais longe daquela vida e das irmãs que até então eram o meu porto seguro. Era a verdade deles e delas (os profissionais que havia encontrado pelo caminho) contra a verdade que eu trazia. Eu, tão pequena e insignificante, lutando para ter alguma possibilidade de definir-me. Não foi fácil ser acusada de fuga, logo eu, que fiz de tudo para me conhecer melhor. Fui atrás das minhas raízes, aceitei ser confrontada e questionada, até mesmo injustamente, segui todos os protocolos como terapias, retiros e confissões. Tentei até eximir-me de "culpas", como na vez em que me apaixonei durante o noviciado e fui correndo contar para a formadora, sem saber que ela telefonou, em seguida, para o chefe do rapaz pedindo que o colocasse no seu lugar e se afastasse de mim. Ele poderia até mesmo ter perdido o emprego com esse gesto mesquinho, pois trabalhava numa instituição religiosa. Soube anos depois, quando ele, achando que fora minha escolha aquele pedido, revelou-me o porquê do afastamento na época.

    Eu estava tentando encontrar-me depois que colocaram

diversas camadas de interpretações sobre mim, recusando pela primeira vez uma imagem projetada no espelho pelo meu convento e pela Ciência a serviço da branquitude e, naquele caso, da religião dominante. E mais, "se eu não tivesse me definido para mim mesma, teria sido esmagada pelas fantasias que outras pessoas fazem de mim e teria sido comida viva", como diz Audre Lorde.

A lógica da supremacia branca e do patriarcado, incluindo psicólogos e psicólogas, é: "Se todo mundo está contra você, o problema então é você, não todo mundo". Não! Não! Não! Não aceito mais isso! Se uma mulher só teve relacionamentos abusivos na vida não é culpa dela, não é ela quem os atraiu, é porque a maior parte dos homens é machista e comete abusos dos mais inimagináveis como forma de exercer poder, pois é um sistema e todos estão inseridos nele. Se uma pessoa negra enfrenta racismo diariamente não é coisa da cabeça dela, é Fato Social: exterior, geral e coercitivo. Encarar a injustiça e devolver à pessoa o lugar de vítima que ela de fato ocupa é algo que tem sido negado por aqueles que detêm o poder ou por aqueles que não querem ver para não se comprometer. A sociedade tem dificuldade com essa palavra "vítima", os profissionais da Psicologia também. Que medo é esse de restituir às pessoas abusadas o direito de serem reconhecidas como tais? É medo de ficarmos nesse lugar? É medo de apontar responsáveis? O silêncio é o lugar mais cômodo dos covardes, quando não, dos perversos.

Grande parte das pessoas não está nem aí para a verdade, pois nesse processo questionei algumas freiras sobre suas ações e opressões, mas ouvi de uma delas: "Você teve muitas quebras na sua vida, imagino que isso tenha afetado a sua relação com Deus". Ou outra vez em que disse a uma das minhas formadoras sobre um menino de treze anos que a procurou para pedir ajuda por estar sendo abusado pelo primo mais velho, abuso esse que durava anos, mas ela o mandou para casa apenas com o conselho de dizer a esse primo para parar. Ela contou-me isso e à época, eu, tão silenciada não a questionei. Anos depois, já em posse da minha palavra, lhe disse que esse menino buscou ajuda porque tinha um abusador que o oprimia e não era o caso de lhe devolver a responsabilidade, visto que era apenas uma criança. Para a minha surpresa, ela se defendeu nos seguintes termos: "Eu te contei esse segredo porque confiei em você". Que os raios do inferno caiam sobre todos que guardam segredos para legitimar abusos e neutralizar as vítimas e ainda nos pedem cumplicidade! Não me contem mais os segredos do patriarcado, do capitalismo e da supremacia branca pedindo-me para guardá-los, porque não estou disposta a manter a boca fechada.

Lyon, 15 de dezembro de 2019.

Espero que você esteja bem e quero continuar a preencher com minhas palavras a lacuna que ficou entre nós nesses anos todos, para que você não a preencha com suas histórias sobre mim.

Assim como a Filosofia, durante os anos de formação no seminário, abriu-lhe mundos, as Ciências Sociais mexeram muito comigo, pois desnaturalizou muitas coisas da minha história e da minha fé. Fui percebendo as camadas de construção social da religião, da tradição e dos meus próprios valores. Estando nesse curso, depois de tudo o que passei, podia dizer, assim como bell hooks, que eu também "Cheguei à teoria porque estava machucada, a dor dentro de mim era tão intensa que eu não conseguia continuar vivendo, cheguei à teoria desesperada, querendo compreender, apreender o que estava acontecendo ao redor e dentro de mim. Mais importante, queria fazer a dor ir embora. Vi na teoria, na época, um local de cura."

Cheguei à universidade ferida, estava no meu "anti-lugar", aquele que nunca fora pensado para mim, o contrário do lugar da doméstica, da submissa, da mulher feita para o homem. Talvez até você tenha me desejado nesse lugar, de suporte para a sua vida. Mas eu, por teimosia, acreditei que desbravaria caminhos novos e chegaria aonde nenhuma outra mulher da minha família chegara antes. Quando ingressei na Universidade Federal de Goiás (UFG) não houve festa, não houve comemoração no convento, mas eu estava igualmente grata, pois a vida religiosa preparou-me de alguma forma, dando-me o capital necessário para aquele percurso acadêmico. Cheguei ali familiarizada com uma rotina de estudos, com uma linguagem erudita, com horários, com exercícios de abstração, com debates como os que tínhamos nas comunidades de base, nas reuniões da arquidiocese ou mesmo dentro de casa. Já conhecia *Casa-grande e senzala*, após um estudo sobre ele com padres e freiras da arquidiocese. Havia lido as obras de Paulo Freire e feito muitas análises de conjuntura, além de Karl Marx e a luta de classes. Minha sorte foi ter entrado num convento que abraçou a Teologia da Libertação e o pensamento crítico, pois não sei o que teria sido de mim se tivesse escolhido uma ordem mais alienada à realidade. Eu já havia feito trabalhos acadêmicos no curso de Teologia e espiritualidade dos carmelitas, em São Roque, interior de São Paulo; havia feito Teologia pastoral pela PUC Goiás; tinha muitos livros e uma biblioteca à minha disposição em casa. Não posso imaginar a vida dos meus colegas das periferias que não tiveram tudo isso, que não foram avisados sobre o que os esperavam na universidade, isto é, um mundo extremamente elitizado, branco, machista e eurocêntrico.

Éramos duas turmas de Ciências Sociais na UFG. Uma professora, após a primeira avaliação, perguntou à classe quem tinha vindo de escola pública e quem tinha vindo de escola particular. A maioria levantou a mão para a pública. Ela disse algo, logo em seguida, que nunca esqueci: "Isso explica as notas baixas nessa turma, porque na outra, em que os alunos vieram das escolas particulares, as notas foram mais altas". Fomos colocados diante do nosso "outro", expostos na nossa carência e pobreza. Foi um ano de grande sofrimento, ouvindo tanta coisa que tentava aniquilar-me a existência e o pensamento, mas sabia também que não podia desistir. Nesse mesmo ano, um professor de Português, do Departamento de Letras, pediu-nos para escrever um conto. O tema era livre. Meu personagem foi o Ministro do Trabalho do governo Fernando Henrique Cardoso, fazendo uma ironia com a fala do Presidente que chamou de "vagabundos" os trabalhadores que se aposentavam com 55 anos. Quando o professor nos devolveu o trabalho, deixou o meu por último, chamou-me na frente e disse: "Você copiou esse trabalho da internet. Eu vi". Fiquei chocada. Ele estava afirmando algo muito sério. Foi então que lhe disse para irmos até o coordenador do curso e colocar o problema a ele e que eu exigiria provas daquela acusação de plágio. Diante da minha firmeza, ele mudou o discurso para "ah, então se você tá falando que foi você, então foi você!". Ele já não tinha mais visto na internet, já não afirmava mais nada. Um dos colegas foi em minha defesa e lhe disse: "Ela escreve muito bem, professor". Ele reconsiderou minha nota, que a princípio era zero, mas sequer pediu desculpas. Voltei para "casa", onde já não me sentia mais em casa e contei o episódio a uma das freiras, que disse: "Agora o mundo todo está contra você, não é?". Se tem uma coisa que aprendi nesse tempo de convento foi a não me fazer de vítima, mesmo porque nunca me senti confortável nesse papel.

    Percebi que com as mulheres que eu tinha como rede de apoio e grupo de referimento, sentia-me inadequada, pois elas não viam racismo e elitismo nas nossas relações sociais. Faltou a elas leitura social e estudo profundo, além de sensibilidade para despir-se do olhar eurocêntrico sobre o nosso universo brasileiro, cheio de estratos complexos que podem enganar um olhar distraído, como o caso dos que veem o Brasil com as lentes da democracia racial e da cordialidade. Com isso, jamais consegui expressar as experiências pelas quais passei, reconhecendo-as como questões sociais que estavam fora de mim. Carreguei muita culpa, grande parte dela nunca foi minha.

Parei de levar para casa o que vivia na universidade, o tensionamento que sentia entre as classes sociais e o lugar de onde tinha vindo. Não participei de festas durante os anos de graduação, não expus meu sofrimento interior, exceto a uma amiga, também muito ferida e que pegava seis ônibus por dia para chegar até o *campus*. Ela morava com mãe e a irmã com deficiência, encarando uma luta diária para se manterem vivas. Não nos chamem de "guerreiras", "vencedoras", "lutadoras", pois ninguém deveria vir ao mundo para lutar contra um sistema econômico e valores hegemônicos se quiser existir. Enquanto somos inimigas da sociedade, muitas pessoas a tem como aliada e facilitadora da vida.

Uma vez, fui direto da universidade para a arquidiocese pegar algo com uma das freiras e, dias depois, quando a revi, ela me disse: "Nossa, o padre que estava comigo reparou na sua roupa, disse que estava muito sensual". Sabia que o padre não havia reparado coisa alguma, mas as mulheres engajadas na defesa do patriarcado sempre utilizam a voz de um homem para legitimar o próprio discurso. Tem algumas delas que adoram muito mais o "falo" do que o que chamam de Deus e não notariam diferença se no lugar da cruz fosse colocado ali um grande pênis. Na universidade, minhas roupas estavam ultrapassadas; no convento, eram "sensuais demais", tanto que quando saí um professor disse-me que eu estava mais moderna no modo de vestir-me. Eram dois mundos que entraram em choque e eu entre os dois estava me desintegrando.

Lutei muito na universidade para não ser reduzida a um recipiente vazio. Em uma das aulas, uma professora colocou o dedo na minha cara e disse: "Você não entendeu nada de Ciência, ela é neutra"; e eu, tão pequena naquele mundo, afirmando que não existe fazer científico neutro porque a Ciência não caminha por aí sozinha, sem gênero, corpo, classe e raça. Ainda não havia lido sobre isso, não havia bagagem teórica para discutir naquele momento. Também percebi a conformidade dos colegas àquele pensamento elitista e branco, não porque não se sentiam fora do lugar, mas porque lutar o tempo todo cansa. Uma colega negra, diante dos primeiros debates sobre quotas raciais na universidade, vendo meu engajamento nos debates, disse-me que era humilhante para um negro e uma negra entrar nesses moldes. Logo ela, que trabalhava à noite num *call center* para dar conta de estudar e ainda tentava a todo custo apagar seus traços negros e se embranquecer. Isso sim era humilhante!

Dois ou três colegas da turma se engajaram para debochar dos meus questionamentos e expor-me sempre que fazia alguma interferência nas aulas, afinal, o debate não era lugar de mulher, sobretudo negra. Um deles chegou a fazer um perfil falso com meu nome no *Orkut* para poderem descarregar o machismo, sem contar aqueles que apostavam entre si para ver quem conseguia "ficar" com a freira. Um deles até saiu dizendo que tinha conseguido. Soube disso através de outro colega, que chegou até mim ofendido por não ter tido a "preferência".

No terceiro ano, uma professora disse em sala de aula que era contra as quotas raciais porque seus avós vieram da Alemanha para o Sul do país e tiveram que plantar em colinas, onde a terra era dura, e ali começaram "do nada" a reconstruir a vida. Já eu, queria muito que os meus antepassados africanos tivessem chegado ao Brasil como gente, para construir algo, e não como mercadoria. Queria que tivessem ganhado uma terra, mesmo que dura e árida em uma colina para começarem a vida. Ah, a branquitude! Não é que ela não entendia a diferença entre migrar e ser escravizado, ela sabia muito bem. A questão é que ela precisava exaltar a própria condição de classe e raça, jogando-nos na cara a nossa falta de mérito e de trabalho.

Nada mais era natural, não para mim! Não havia essência, vocação e muito menos "chamado de Deus". Aliás, essa concepção de que "foi Deus quem nos chamou" nos dotava de um grande narcisismo: aquela que foi escolhida entre milhões de pessoas, especial aos olhos de Deus. "Caí do cavalo" quando descobri que não havia chamado algum para mim e comecei a colocar os pés no chão novamente.

Eu vivia um dilema muito grande, aqueles dois anos iniciais, mais dois de mergulho no noviciado, toda aquela "experiência" de Deus tornaram-se cada vez mais distantes. Havia me "casado" com Jesus, então, como divorciar-me Dele? Logo de Jesus? Se pelo menos fosse um reles mortal. Essa violência simbólica dada pela representação da freira como "noiva de Cristo" me corroía o corpo e a alma. É violento! A Igreja ofereceu essa representação como compensação para mulheres que não se casam com um homem de carne e osso, dando-lhes outro homem. Isso é alimentado diariamente através de trechos bíblicos, orações, discursos e iconografias. Nós tínhamos em casa, pregada na parede, uma grande imagem de um Jesus Cristo jovem, bonito, bronzeado, sorridente, um galã de filme hollywoodiano. Os folhetos da congregação também traziam essa imagem, sem contar as "brincadeiras" que ouvíamos como: "Vou me retirar no quarto com meu esposo" ou "eu tenho o melhor marido do mundo!".

Quando uma mulher faz os votos perpétuos coloca-se no

seu dedo uma aliança de ouro para marcar esse casamento. Nos meus primeiros votos o ritual litúrgico não foi muito diferente de um casamento: minha família entrou comigo, entregando-me ao altar e a certo ponto eu passei para o lado das freiras, deixando-a e jurando viver a pobreza, a castidade e a obediência.

Para conseguir deixar o convento precisei romper com o poder simbólico, principalmente com a ideia de vocação enquanto chamado de Deus, de missão. Não foi nada fácil, pois aquilo estruturara minha vida, havia dado algum sentido a ela e ao mesmo tempo alimentou certo tipo de "poder", que é o que faz muitas religiosas permanecerem dentro das instituições. Passei o primeiro ano da universidade relativamente bem, no segundo ano as coisas começaram a piorar. Entendi que os livros que eu tanto amava, que o conhecimento e uma vida intelectual rica, poderia ter fora dali. Comecei a sentir-me muito sozinha e a querer um companheiro para seguir a vida. Havia perdido o medo de desejar isso, pois ao redor de mim via outros modelos de relacionamentos que se apresentavam como motivadores. E, assim, a vida religiosa foi perdendo o sentido, enquanto eu definhava fisicamente por tentar agarrar-me à possibilidade de ficar somente para não jogar para os ares o chão que acreditava ter construído debaixo dos meus pés.

Lyon, 17 de dezembro de 2019.

Minha saída do convento não foi fácil. Entendo quando lhe veio uma crise de choro, deitado no chão da sua casa, no meio da favela, depois de ter deixado o seminário e passar muito tempo desempregado. Vou lhe contar como se deu para mim.

No dia 16 de fevereiro de 2005, véspera do meu aniversário de 25 anos, vivi uma das experiências mais fortes da minha vida. Perto da nossa casa havia uma ocupação com aproximadamente trinta mil pessoas. Como havíamos ficado fora da cidade para um retiro espiritual, não sabíamos das últimas notícias e que o governador dera ordens de desocupação do terreno pela Polícia Militar e pela Tropa de Choque do Estado. Nesse dia, pela manhã, tomamos café e uma freira brasileira sugeriu que fôssemos visitar as famílias. Partimos as duas de bicicleta e, no último momento, lembrei-me de colocar dentro de uma bolsa de pano minha carteirinha de freira com foto e nome da congregação. Ao chegar lá, a área estava cercada pela polícia. Nunca vi tantos policiais na minha vida, mas entramos com facilidade, empurrando nossas bicicletas.

Conversamos com as famílias e as pessoas que estavam resistindo há dias sem dormir. Elas nos avisaram que todos os policiais lá fora entrariam no terreno naquela manhã. Não tínhamos noção, nem dimensão da situação e ingenuamente acalmávamos as pessoas quando, de repente, começamos a ouvir tiros, a ver correria, sangue e helicóptero sobrevoando a área, além de um mar preto de homens com capacetes, fuzis e escudos vindo em nossa direção. Pedi um celular emprestado e telefonei para o convento para dizer o que estava acontecendo e ainda levei um sermão, pois a coordenadora achou que tínhamos ido até lá para brincar de mártires. Fui em direção aos policiais, com meu senso de missão e salvação da humanidade, para tentar conversar e tive um fuzil apontado para a minha cabeça, enquanto outro policial gritava para eu correr. Um deles, com sangue nos olhos, ordenou que deixássemos as bicicletas no chão, mas minha coirmã negou. Quanta petulância! A vida religiosa nos tira da realidade e nos dota de um poder que muitas vezes só tem valor nos confins da Igreja ou do convento. Caminhamos por um "corredor polonês" sendo xingadas de putas, vagabundas etc. Parecia que a rua nunca acabava e quando estávamos em direção a uma das saídas, três mulheres policiais nos pararam para nos espancar com seus cassetetes já levantados. Foi então que gritei a única coisa que me veio à mente: "Somos freiras!". Parecia uma palavra mágica, pois uma delas abaixou a arma e disse: "Mostra o documento". E aquela carteirinha nos salvou. Ela olhou-me incrédula, pois eu vestia uma camiseta preta com a escrita branca "PAZ", bem grande, uma calça jeans e tênis. "Eu sei, tem muitas outras lá dentro ainda", foi a minha resposta. Não sei por que falei aquilo, mas quis também assustá-la e mostrar que não estávamos sozinhas. Vi que ela tremia, eu também comecei a tremer, minha bolsa caiu no chão e, trêmula, não conseguia pegá-la. Chegamos em casa e ali toda a tensão do corpo e o choque chegaram, a solidão bateu. As freiras souberam do que passamos, mas foram primeiramente socorrer as pessoas que foram expulsas com a roupa do corpo, jogadas nas ruas literalmente, muitos feridos e duas pessoas mortas. A coordenadora estava preocupada se tínhamos foto para dar à imprensa. No outro dia, 17 de fevereiro, eu completava 25 anos. Ninguém se lembrou, claro! Fomos cedo para a Catedral de Goiânia, onde as famílias haviam passado a noite no chão e, ali, fui acudir os necessitados. A certo ponto, não sentia mais o chão debaixo dos meus pés, minha pressão caiu, minha boca secou, meu coração disparou e então pedi a uma das freiras alemãs para levar-me a um hospital. Ela disse que não podia acompanhar-me, que tinha outro compromisso, mas uma das irmãs brasileiras ficaria comigo.

Naquela maca de hospital, senti um grande desejo de morrer. Sentia o cheiro da morte e parecia que eu estava indo. Ouvi uma enfermeira dizer: "Você está gelada". Acho que busquei forças em alguma parte de mim para dizer: "Não vou morrer aqui". A memória dos meus quinze anos voltou naquele momento, quando eu, sozinha em uma cama, decidi levantar-me e continuar a vida. Passei dias muito ruins e sofridos, uma crise de ansiedade, choro, mas não partilhei isso com as irmãs e elas também estavam muito ocupadas com as pessoas que, posteriormente foram alojadas num ginásio. Sabia que precisava sair dali. Só queria sair dali, mas não sabia para onde.

Não tinha coragem de pedir o "divórcio", até que, um dia, dirigi-me até a capela da nossa casa e fechei os olhos. Ali consegui romper com o poder simbólico e a ideia de divorciar-me de Jesus. Na minha imaginação, vi de um lado a imagem de Cristo, como a construímos na nossa cabeça, jovem, barbudo, branco; e do outro, novas possibilidades, como uma estrada livre, um companheiro, um filho. Não conseguia me decidir e tomar a outra estrada enquanto "Jesus" estava ali, me olhando, e aquilo estava me matando. Mas, de repente, "Jesus" havia sumido e no seu lugar estavam as freiras.

Ali a imagem tinha se quebrado dentro de mim, alargando-me a alma, e não tive mais dúvidas de que a escolha era entre elas e a minha liberdade. Com elas não queria mais ficar. Isso tornou as coisas infinitamente mais fáceis, principalmente quando eu olhava para algumas delas, extremamente rígidas, com o pensamento endurecido e petrificado, institucionalizadas e reprodutoras de ideias já ultrapassadas diante de um mundo que muda constantemente.

No noviciado, falei da minha solidão a uma freira, que conheci em São Paulo, e ela disse-me: "Pode ser um sinal de que você será uma grande mística". Olhando por outro lado, pode ser um sinal de tantas coisas, mas era, na verdade, minha condição de mulher negra periférica na sociedade brasileira.

No segundo semestre de 2005 fui para um retiro espiritual em São Paulo e a decisão de sair se confirmou. Quando voltei, tomada pela urgência de esclarecer a situação, fui comunicada de que eu tinha apenas um mês para deixar o convento. Sem trabalho, na fase de provas de final de ano, sem moradia, sem relações fora da Igreja com as quais pudesse contar, desesperei-me, parei de comer e perdi muito peso nesse período. Engraçado é que nessa sociedade das aparências as pessoas chegavam até mim e diziam: "Que dieta você está fazendo?" ou "Te vejo tão bem mais magra!".

Meu mundo estava desabando e as pessoas ocupadas com minha melhor aparência. Eu tinha um mês para sair depois de quase nove anos de caminhada. Um mês foi o prazo que me deram para juntar o que tinha, algumas roupas e livros. Recebi trezentos reais por mês durante três meses e ao questioná-las ouvi de uma delas: "O povo vive disso". O povo não vive com isso, o povo sobrevive, o que é muito diferente. E acho que essa frase ainda me dói, pois penso que no fundo elas acham realmente justo que o povo sobreviva com uma miséria por mês, enquanto muitas delas, sem culpa alguma, gastavam até novecentos reais, na época, em uma consulta com homeopata.

Foi um amigo franciscano a primeira pessoa a quem comuniquei minha saída. Éramos muito próximos desde o tempo do noviciado e partilhávamos muitas coisas. Depois, ele se mudou para o Mato Grosso e nos reencontramos após sua saída da ordem dos capuchinhos, cursando Filosofia na mesma universidade que eu. Inclusive, nos intervalos saíamos para olhar os ipês amarelos no *campus* e chupar jabuticabas que ele trazia em sacolas de supermercado enquanto eu lhe confidenciava minha situação. Ele se ofereceu para conversar com duas conhecidas que também haviam deixado a vida religiosa e elas aceitaram receber-me num barracão apertadíssimo. Depois de anos com meu próprio quarto, espaço para meditar, estudar, olhei a situação com certa tristeza, mas a sensação de liberdade interior era maior. Os últimos dias que passei dentro do convento não foram nada fáceis. O clima mudou com as irmãs e a coordenadora proibiu-me de levar minhas coisas antes do dia da saída que ela havia estipulado para poder controlar se eu levaria pertences da congregação. Mas não obedeci, afinal, até aquele momento eu não havia podido decidir absolutamente nada e nada foi conversado, tratando-se de uma decisão arbitrária seja sobre a data de partir, o dinheiro que levaria comigo e até a modalidade da mudança. Tudo fora decidido por elas, tudo mesmo. Claro que estavam me vigiando e eu fui advertida por não cumprir o trato. Quando comuniquei a decisão de deixar a vida religiosa, ingenuamente, acreditei que ficaria até o fim do ano, enquanto procuraria trabalho e um lugar para morar. Como gesto de bondade, decidiram pagar-me o plano de saúde por mais alguns meses, caso eu viesse a perder o chão debaixo dos pés e adoecesse. Esse dinheiro, na visão das freiras, era suficiente para eu morar, comer, pagar o transporte para a faculdade, água, luz etc. Foi a primeira vez que realmente indignei-me com a congregação. Minha gratidão, até então, superava qualquer crítica. Assinei o "acordo" e escrevi uma carta ao conselho falando que achava injusto. Uma delas me ligou logo em seguida para dizer que a decisão fora tomada em conjunto, como se o conjunto não pudesse ser injusto, e ainda me disse que se eu não desse conta de trabalhar e estudar ao mesmo tempo deveria trancar a universidade, pois, segundo ela, o povo fazia isso. Naquele momento, percebi que ela não entendia nada sobre o Brasil e sobre o valor que tem para o povo estar em uma universidade pública, pois, ao contrário de desistir, agarramos com unhas e dentes essa oportunidade. Ao povo foi negado o direito de frequentar esse espaço por séculos, eu era a primeira da família a adentrá-lo e daria tudo para terminar os estudos. E assim o fiz.

Outra irmã sugeriu-me voltar para minha família e transferir a universidade para Minas Gerais. Que família? As freiras do meu convento não me conheciam e nunca quiseram de fato conhecer-me, o que sabiam sobre mim era fruto das suas projeções. Não havia ninguém esperando por mim fora da Igreja e eu sabia que se dentro era difícil, enfrentar o mundo sem apoio seria outrossim. Além disso, a cidade era grande demais para todas nós. Na despedida de uma das freiras, ouvi o seguinte conselho de vida: "Cuidado pra não falar mal da Igreja, pois daqui pra frente vão sempre achar uma relação com o seu passado em tudo o que você fizer, pro bem ou pro mal, e a Igreja é uma mãe tão sofrida!". Hoje responderia que a Igreja não é mãe, é um macho tirano e déspota, as mães estão fora dela, na margem. Olha só, eu mal sabia como faria para sobreviver e a minha ex-"coirmã" preocupada em sustentar uma boa imagem da Igreja Católica no mundo. A mesma que me dera trezentos reais para sobreviver depois de anos de trabalho gratuito para essa "mãe".

Uma amiga da faculdade disse-me, naquele período, que a congregação na qual ela estava entrando lhe pedira para se afastar de mim depois que ela contou sobre minha saída, alegando que eu poderia influenciá-la. Ela achou injusto o pedido e se recusou, inclusive, comprou-me um cobertor, nem isso levei comigo, pois já tinha visto outras moças acusadas de roubar o convento. Levei o mínimo, deixei meus desenhos, roupas de cama, travesseiro e tantas outras coisas.

O amigo que conseguiu minha primeira moradia ofereceu-me carona nos primeiros meses para ir à faculdade e levou meus livros para a casa da sua namorada, pois onde eu morava mal tinha espaço para mim. No dia da mudança, a coordenadora levou-me até a nova casa. Fomos o caminho inteiro sem trocar uma palavra. Ao chegar, ela disse: "Nossa, é muito pequeno isso aqui!". Não disse nada, mas pensei: "Ela volta para o seu castelo e eu começo a vida real". Minha sensação de desajuste era tão grande em todos os aspectos, como para me vestir, para sair, para me relacionar com pessoas fora do convento, sobretudo homens. Havia perdido aquela rotina, aquela vida organizada, mas só não perdi o sentimento de culpa. Esse me acompanhou por anos.

Ao chegar em casa, certo dia, minhas colegas haviam recebido a visita de alguns amigos, a casa era super apertada e eu achava que precisava do meu espaço para estudar e meditar, então, sai perambulando pelas ruas de Goiânia até que as visitas fossem embora. Liguei para esse meu amigo aos prantos e lhe contei o que estava acontecendo, ele tentou acalmar-me e fazer-me entender que eu não podia esperar uma vida como aquela que tive nos últimos anos, que eu precisava mudar o registro das minhas expectativas, o que não foi fácil nos primeiros anos. O processo de libertação de um poder religioso vivido com a intensidade que vivi é longo e doloroso. Uma amiga, que também deixou a vida religiosa logo depois de mim, resumiu bem como isso se dá: "A gente sai do convento, mas o convento não sai da gente". Ele saiu de mim, mas levou longos anos.

Logo nos primeiros dias fora da vida religiosa, surgiu uma proposta de trabalho numa escola agrícola gerida pela Prefeitura de Hidrolândia, cujo prefeito era parente de um ex-frei franciscano que eu conhecia bem. Fomos os dois conversar com ele e acertar o salário e a data da mudança. Era uma escola rural, inacessível, sem carro, com uma estrutura enorme, inclusive uma casa construída para ser habitável, mas ninguém morava nela. Uma moto vinha buscar-me às quatro da manhã para levar-me à cidade, de onde saía o ônibus da Prefeitura que levava os estudantes ao *campus* universitário. Depois de uma semana lá, fui chamada pelo prefeito para comunicar-me o fato de não poder pagar-me um salário, mas, nas suas palavras, cedendo-me a casa e o transporte, estaria me ajudando e eu a ele. Sai dali com uma dor enorme, perdida, e pedi à Prefeitura que providenciasse a minha volta para a casa das minhas amigas. Quando me dizem que "a felicidade está dentro de você" ou "você é responsável pelas coisas que atrai", é essa a cena que minha memória acessa. Eu sendo atraída por um trabalho que me pagaria um lugar para dormir e o transporte. As pessoas se dão conta muito rapidamente da nossa vulnerabilidade no mundo e tentam tirar proveito disso. As pessoas também compram com muita facilidade a ideologia que diz que a opressão, no fundo, é culpa nossa.

O mais difícil foi ter saído sem "técnicas sociais" para enfrentar a sociedade capitalista que nos devora na corrida pela sobrevivência, depois de longos anos de treinamento do corpo, valores e pensamentos para viver de um determinado modo. Foi difícil não saber competir e "vender-me" no mercado de trabalho e ainda desejar um emprego onde eu pudesse doar-me ao mundo, fazer o bem, um emprego justo. Que inocência! E queria também cultivar a relação com Deus, como havia aprendido, através da oração diária e do silêncio, sem dar-me conta de que tinha levado do convento um Deus completamente injusto, patriarcal e que não fizera nada por mim ao ver a situação injusta da qual saí.

Passados alguns meses, uma das freiras telefonou-me para lembrar-me da relação com Ele e para dizer que a carência afetiva nos faz agarrar a pessoas, aconselhando-me a ser forte para não ceder às tentações da carne, em outras palavras, para não transar. Ela queria assegurar-se de que eu não tinha começado a ter uma vida sexual livre e encheu-me de conselhos, mas nenhum interesse sobre a questão econômica, os estudos, a dureza da vida ou em oferecer algo.

Não pensei em você em nenhum momento da minha saída, não senti vontade de lhe procurar, só queria me reconstruir e não cair. Várias foram as vezes em que me meti em dificuldades, pois minha visão do humano como um ser bom porque foi Deus quem fez, prejudicou-me bastante. Outra freira me telefonou tempos depois e disse que ia me visitar para tomar uma cerveja. Se eu comprasse a cerveja ficaria sem o dinheiro da passagem para a faculdade, mas acabei comprando. Outra freira, ao visitar-me na terceira casa onde estava morando, vendo o sofá rasgado e os móveis velhos disse: "Se for pra viver assim, não seria melhor voltar?". Naquele momento, entendi o que a mantinha no convento. Durante mais uma visita da freira (a da cerveja), esta viu que tinha um homem em casa e quis saber quem era, visivelmente incomodada.

Tentei visitar o convento algumas vezes, mas uma das irmãs disse que eu deveria vestir roupas mais decentes, pois meu vestido estava muito curto, assim, com o tempo, cansei. Não quis mais colocar os pés lá dentro e mantive contato somente com duas delas, por quem tenho grande admiração e gratidão. Embora não romantize mais a relação, aprendi a colocar limites diante das insistências em dizer-me quem sou e das tentativas de controlar-me a vida.

Lyon, 19 de dezembro de 2019.

Olha, vou lhe dizer uma coisa, fiz muitas besteiras, como sair daquele primeiro barraco apertado achando que precisaria do meu lugar e espaço logo após ter visto um anúncio de quarto compartilhado no mesmo bairro. Eram moças brancas, classe média alta, extremamente rasas e vazias. Uma delas me viu passando uma camiseta do Movimento Sem Terra (MST) e ficou chocada, pois acostumada ao estereótipo de invasor e terrorista que o movimento tem, indagou-me da seguinte forma: "Você mexe com isso?". Depois desse episódio o *bullying* para que eu deixasse a casa foi grande, inclusive cobrando muito mais de mim para as despesas de água e luz, até que acabei saindo.

Na terceira casa foi horrível! Era o espaço, a atmosfera, que não me fazia sentir-me em casa. Estava trabalhando numa organização social e ao invés de voltar para casa eu caminhava pela cidade, sozinha. De lá fui morar com outros ex-religiosos e uma mulher divorciada. Foi o melhor tempo de moradia. Tinha brigas, conflitos, rixas, mas muita partilha de vida, festas, risadas, filmes em conjunto, cada um de nós tinha a sua xícara de chá para as conversas à noite, nos fins de semana ou na madrugada. Tinha cara de lar, com aconchego, cheiro de café na cozinha, até cheiro de pão assado. Dormia cedo, aliás sempre dormi muito cedo e perdi muitas coisas que aconteciam na madrugada, mas gostava de dormir e acordar com rumores de conversas e com as risadas, isso tinha todos os dias. Uma das colegas ensinou-me muita coisa sobre livros e relacionamentos. Um dia ela juntou todas as minhas sandálias franciscanas de freira e as jogou fora. Fiquei sem sapatos e, como não tinha dinheiro para comprar outros, ela emprestou-me o dinheiro. Amava a frase que ela costumava pronunciar, "o último amor é sempre o melhor".

    Foi o maior erro ter saído de lá e só saí porque uma amiga freira, de um convento irlandês, convidou-me para morar com ela dizendo que eu pagaria somente uma quantia irrisória de aluguel, pois seu convento havia alugado um grande apartamento só para ela, para que ficasse mais próxima da universidade, e seria muito mais para lhe fazer companhia do que pelo dinheiro. Assim, aceitei. Logo que me mudei, ela comunicou-me que não poderia mais fazer o aluguel pelo preço combinado, que eu deveria pagar a metade das despesas igualmente, pois sua congregação havia exigido isso. Foi um choque! Cansada de fazer malas e de mudar, fiquei. Fiquei e me decepcionei muito com aquela amiga. Certa vez, ela pediu-me para permanecer no meu quarto enquanto ela e outra feira rezavam juntas na sala. Perguntei se poderia participar do momento de oração, mas ela respondeu que a oração era somente entre membros da sua comunidade. Em outra ocasião, convidei-a para sair e ela disse que não sairia comigo porque eu não tinha dinheiro. Comecei a notar que eu despertava nela tudo aquilo que ela não tinha coragem de ser e fazer, por isso tentava punir-me para se sentir melhor. A gota d'água foi quando levei um namorado em casa e ela pediu para mandá-lo embora, pois era uma casa de freira, nas suas palavras, e eu deveria respeitar, desconsiderando que eu pagava metade do aluguel e do condomínio, portanto, tendo direitos iguais em usufruir da moradia. Saí também de lá, cansada, ferida pelo golpe que havia levado. Anos depois, ela saiu do convento e confessou-me que sentia inveja da minha liberdade, mas nossa amizade nunca mais foi a mesma.

    Minha vida ainda permaneceu de certa forma ligada às freiras e ao convento, marcada por tentativas de controle do meu corpo e da minha sexualidade, mas, apesar disso, agarrava-me àquelas relações para sentir que existia um fio de continuidade na minha vida e não somente rupturas. Outro acontecimento marcante foi quando a coordenadora do convento me telefonou para dizer que tinha uma moto, de uma amiga sua, à venda e que ela pensou que eu pudesse precisar para ir trabalhar. Fiquei empolgada e agradecida, pois passava muito tempo em ônibus. Ela ofereceu-me para comprar e propôs-me o pagamento dentro das minhas condições. Aceitei. Quando comecei a depositar aquilo que podia realmente, depois de uns seis meses, ela ligou-me novamente dizendo que era muito pouco, que daquele jeito não terminaria de pagá-la nunca. Depois disso, vendi a moto e devolvi-lhe o dinheiro. Ela não estava interessada em ser solidária, mas manter o controle sobre mim, tendo com isso um pretexto para a cobrança e as ligações.

    No final do meu segundo ano, já fora da vida religiosa, ganhei uma passagem para passar as férias de Natal na Holanda e, surpreendentemente, quando já estava lá, recebi e-mails de duas freiras dizendo-se incrédulas por eu estar na Holanda e perguntando-me o que eu estava fazendo lá, inventando mil desculpas para saber detalhes. Infelizmente, à época eu ainda não tinha maturidade emocional para dizer "vim gozar e sou uma mulher livre". Uma delas, agindo com perversidade, escreveu para o diretor da organização alemã que financiava o projeto onde eu trabalhava no Brasil para denunciar-me. Logo em seguida, recebi um telefonema dele para saber se a viagem tinha alguma relação com meu trabalho e se eu havia usado dinheiro do projeto.

Minha vida pessoal era especulada por elas mesmo depois da minha saída do convento. Minha sexualidade era controlada, exposta a ponto de escreverem para o financiador do projeto a fim de prejudicar-me. Possivelmente, a mensagem por trás dessas invasões de privacidade era "como ousas estar bem sem a gente?" ou "como ousas gozar e nós não?". Foi preciso romper a relação com algumas delas para poder caminhar na vida.

Quando voltei dessa viagem, encontrei caras feias de religiosas, inclusive de uma "benfeitora", ex-freira irlandesa, que havia saído para se casar com um padre e que me ajudou muito no início a pagar aluguel e tantas outras coisas. Ouvi dela a seguinte frase: "Você nunca deveria ter viajado sem antes ter falado comigo". Entendi anos depois, sem saber o que tinha feito de errado, que no fundo eu a fazia sentir-se ainda freira e missionária e que sua ajuda era, na verdade, muito mais necessidade de sentir-se boa, nobre e caridosa, cobrando de mim obediência e submissão, do que empatia por mim. Como não pedi desculpa por ter viajado de férias, não me humilhei diante dela por não ter lhe pedido a permissão, ela cortou a ajuda financeira, assim como as aulas de inglês que me oferecia gratuitamente. Depois de ter me descartado, concentrou todas as suas forças em outra jovem que também saiu da vida religiosa e, no primeiro sinal de desapontamento, também a descartou.

Para piorar, perdi o emprego, tive um acidente de moto que provocou uma queimadura de terceiro grau no pé e não pude andar por alguns meses. Foi uma época em que entrei em pânico, completamente! Achei que não daria conta da vida sozinha, tudo parecia pesado demais. Tive ajuda, por isso sou grata, um amigo levou-me para a universidade por todo o período em que fiquei com o pé enfaixado e ainda me alugou um par de muletas.

    Após sair da casa da freira, uma amiga da universidade ofereceu-me moradia, dessa vez realmente gratuita. A casa ficava na periferia de uma cidade vizinha, a quase quatro horas de ônibus da universidade. Foi um período de dor, pois a sensação que tinha era de estar voltando para o bairro do meu pai. Fui morar com ela, sua mãe e irmã. A convivência era agradável e nutro grande gratidão por essas mulheres, pela generosidade, companhia e conversas profundas. Eram três mulheres lutando para sobreviver e viver com tanta determinação e garra que eu senti vergonha de ter pena de mim mesma. Certo dia, estávamos as quatro em casa quando começou uma forte tempestade e as três foram para o meu quarto. Sim, eu tinha um quarto só para mim, enquanto as três dormiam em outro. Foi um dos gestos mais lindos que recebi na vida. Deram-me o que tinham de melhor. Naquele momento, mesmo que as memórias fossem de dor, pois me remetiam à minha infância, senti uma compaixão e uma gratidão enorme por elas e uma grande força para consolá-las, pois a chuva também as assustava. A mãe, então, contou-me que alguns anos atrás, quando as filhas ainda eram pequenas, a casa delas foi abaixo devido a um forte temporal e perderam tudo. E não foi só a delas, a dos vizinhos também. Ela havia juntado umas economias e colocado dentro de uma caixa que se salvou e, naquele momento, resolveu gastar com todos, comprando alimentos. Ficamos ali juntas até a chuva passar e percebi que meu problema de infância não era a precariedade do bairro, a pobreza, mas a falta de calor humano e isso elas tinham no momento em que perderam tudo. Naquele dia, deitadas comigo na cama, percebi que algo havia se movido dentro de mim. Elas tinham a casa afetiva e perder aquela física não era o principal problema. Já eu, não tinha nenhuma duas.

    Mudei-me várias vezes nesse período, procurando casa e casa, as duas. Terminei a faculdade com sacrifício. Estava cansada. No dia da minha colação de grau, que mania os oradores e os professores têm de agradecer à família pelos esforços que fizeram para que os estudantes chegassem até ali, sendo que muitos de nós chegamos sem esse apoio. Duas das freiras do meu antigo convento estavam presentes e fiquei muito feliz ao vê-las. No final da cerimônia, uma professora veio parabenizar-me e dizer que fui uma das suas melhores alunas. A freira que estava por perto antecipou-se e disse: "Eu sei, trabalhei nela por anos". Por acaso, foi a mesma que me sugeriu trancar a universidade para trabalhar e me sustentar.

    Uma coisa que me arrependi mais tarde foi de não ter feito o mestrado logo em seguida à graduação. Tinha tudo para isso, mas não estava organizada internamente e percebi quando perdi o prazo das inscrições. Eu queria mesmo era encontrar um companheiro. Minhas viagens pela Rede de Educação Cidadã, programa do Governo Federal, jogavam-me na cara a minha condição de solidão no mundo, pois uma vez, no aeroporto de Goiânia, esperando o voo para São Paulo, recebi uma ficha para preencher e indicar o nome e endereço de uma pessoa para quem a companhia aérea deveria telefonar em caso de acidente. Eu não sabia dar um nome de referência e naquele momento, sem romantizar a vida, vi-me só. O mestrado, pensei em tentar no ano seguinte, mas nesse meio tempo conheci meu marido, um italiano, e mudei-me para a Itália.

Lyon, 20 de dezembro de 2019.

Depois de um ano na Itália, você me escreveu, para minha surpresa. Já havia te relegado ao porão da minha memória.

"Olá, Bia!
Não assuste! Sou eu mesmo! Como você está? Espero que você esteja muito bem. Saudades é o que me levou a procurar seu e-mail na internet. Acredita que ainda sinto saudades de você? No sábado passado estive num encontro de movimentos sociais em BH e fui surpreendido com uma mulher. Você pode não acreditar! Idêntica a você! Do bairro R.! Obviamente, não tinha esta formosura e simpatia que você tem! Seria muito privilégio! Nunca vi alguém tão parecida com você. Passei aquele encontro bastante incomodado por isso. Com frequência aquela moça roubava-me o olhar e a minha admiração. Saí de lá, ao final do encontro, meio entristecido por ter conseguido apenas um 'magro' abraço daquela moça. Ok! Ficou, ao final, saudades e lembranças de você. A verdadeira Bia. Quanto a mim, estou bem! Caminhando para os 40. Dois filhos maravilhosos. Trabalhando muito e alimentando a esperança de um dia ter tempo para estudar. Dê notícias de você! Prometo não a incomodar com 'muita' frequência.
Beijoca!!! (18-03-2009)"

Respondi:

"Nossa!!!! É quase tudo o que consigo dizer neste momento. Estou estupefata, feliz, tremendo. É verdade, você ainda consegue fazer-me tremer depois de tantos anos e da distância maior que

nos separa. Neste intervalo de tempo, aconteceram tantas coisas que adoraria sentar com você num bar, tomando vinho, e conversar. Quanto a mim, estou bem, vez ou outra recordo de ti com um carinho que nunca consegui sentir por outra pessoa. Tentei escrever, mas à época preferi não salvar teu e-mail. Sempre perguntava ao D. sobre você, e ele, que não sabia quase nada, dava-me respostas vagas. Contentava-me saber que estava bem. Casei-me com um italiano. Estou morando na Itália desde outubro do ano passado. Terminei Ciências Sociais na UFG com muito esforço e disso me orgulho. No momento, estou estudando para o doutorado (aqui não precisa do mestrado). Bem, estou chegando aos 30, com a cabeça e o corpo querendo ser mãe, a coisa que mais penso no momento. Sabe, olho para trás, para tudo que vivi e todos que conheci, com uma gratidão tremenda pela vida, sobretudo quando me lembro de você. Aprendi muito contigo, nem pode imaginar. Falei de ti, não tem muito tempo, para meu marido. Falávamos das pessoas que nos deixaram marcas profundas... Bem, teria tanta coisa para dizer, mas é melhor não despejar tudo assim de uma vez rsrsrs. Minha mais sincera gratidão por este e-mail. Não se preocupe em incomodar. Adoraria receber e-mails seus.
Um 'gordo' abraço da verdadeira,
Bia."

Visto que você não respondeu e ficou algum tempo em silêncio, em agosto de 2009 lhe escrevi novamente:

"Olá,
Como vai? Pensei que de vez em quando trocaríamos figurinhas. Mas, sei também que você é bastante orgulhoso. Dê-me notícias suas, fale de você de vez em quando. Quanto a mim, estou muito feliz. Estou grávida de quatro meses. É uma experiência única...
Grande abraço!!!
Bia"

Você, então, respondeu:

"Olá, Bia!
Que terrível! Nem o tempo, nem a distância apagam! Meu coração dispara por você como se fosse ontem! Mas, tudo bem. Que bom que você está feliz! Vai ser mamãe! Não tenho ciúmes nenhum, acredita? Quanto a mim, estou bem! Um verdadeiro paizão de família! Hiper tradicional! Mas que não deixa de vivenciar as crises existenciais. Quanto ao 'orgulho', não é orgulho. Gostaria de comunicar com você todos os dias. Por um lado, na realidade, tento respeitar a sua nova condição de mulher casada e também a minha de homem casado. Dizer que a tenho como minha amiga seria uma enorme mentira. Por outro lado, ainda tenho medo de você. O seu 'veneno' (na ausência de outro termo que expresse o quanto você contaminou-me e seduziu-me), mesmo que em pequena dose, desestruturou e ainda desestrutura minhas funções mais vitais. Enfim, sou apaixonado por você! Se considera isso desrespeitoso, desculpe-me. Desejo uma excelente gravidez para você! Muitas felicidades para você e toda a família! Você é uma mulher encantadora! Um forte abraço!"

Novamente, respondi:

"Entendo você. Não se preocupe em 'ser desrespeitoso'. Não entendo assim. Talvez tenhamos que respeitar os limites do outro, não quero ser invasiva, tampouco reforçar meu 'veneno' em você. Nossas escolhas nos trouxeram até aqui e resta-nos seguir em frente. De vez em quando te escreverei para saber como está, em que ponto está...
Grande abraço!
Deixo uma música....
Bia"

Como você sumiu novamente, escrevi-lhe em março de 2010, pouco antes de ter meu filho:

> "Oi,
> Você não só tem o direito como o dever (rsrsrs) de perguntar por mim de vez em quando. Estou bem, contando os dias para o P. nascer. A previsão é final de abril. Apesar das transformações no corpo e emoções, sinto-me muito bem: disposta, curiosa, feliz... Também comecei um mestrado aqui, está bastante corrido e espero poder gerir bem as duas coisas, os estudos com a maternidade. E você, como está?
> Abraços
> Bia"

Acho que você não me respondeu. Naquele período eu até achava que era feliz. Talvez tenha sido mesmo, pois medir felicidade ou infelicidade com a medida de outro tempo é complicado. Mesmo assim, vivi uma solidão como jamais imaginei viver. Embora essa condição não me seja de todo estranha, as circunstâncias que a afloravam eram diversas. Solidão é o que melhor me define. Estava num país que não era o meu, me relacionando com italianos de forma hierárquica e assimétrica, pois era uma mulher imigrante, negra, brasileira e pobre.

Logo que cheguei, com planos de prosseguir meus estudos, um amigo do meu marido disse-lhe que precisava de uma doméstica. Não me ofendi pelo tipo de trabalho, mas porque ele sequer perguntou se eu queria fazê-lo. Na sua cabeça nem era uma opção para mim, mas uma condição. Isso foi somente um exemplo, pois, de modo geral, o meu lugar era o de trabalhos braçais e mal remunerados. Mesmo quando os italianos e as italianas queriam mostrar alguma "empatia" para comigo, era sempre acentuando a minha carência, pois na cabeça deles e delas era somente isso que me definia. Exemplo disso foi em uma das aulas do mestrado em Filosofia em que as colegas discutiam sobre fazer um curso de *yoga* em uma chácara num fim de semana. Uma delas reclamou que não iria porque não suportava pernilongos. A professora, então, me olhou, disse meu nome e completou: "Nós vamos, né? Pois dormimos em qualquer lugar". Ela sequer me conhecia, mas o fato de eu ser brasileira a fez supor que eu estava acostumada a qualquer coisa. Não respondi, apenas balancei a cabeça.

Nunca fui vista como uma mulher inteligente na Itália, muito menos valorizada por isso. Entrei nesse mestrado que lhe contei falando três línguas. Numa das aulas, em língua inglesa, a monitora da turma pediu para a classe que se dividisse em duas, de um lado se sentassem aqueles que precisavam da tradução e do outro, os que falavam e compreendiam o inglês. Não me movi do lugar, ficando, obviamente, do lado dos que compreendiam e dispensavam tradutor. Foi quando ouvi uma voz estridente do outro lado gritar: "Tem gente que não entendeu, desse lado aqui quem não fala inglês". Sequer girei a cabeça, mas sabia que era para mim, pois aquela mesma colega olhava-me com desprezo, algo do tipo "o que você está fazendo aqui? Esse não é seu lugar!". Como ela não obteve resposta, gritou meu nome e continuou: "Você não entendeu que é pra vir pra esse lado?". Aquele olhar de ódio nunca esquecerei, foi olhar de racismo. Respondi que estava no lugar certo e vi "faíscas" saírem dos seus olhos. Essa mesma colega corrigia-me toda vez que eu fazia uma pergunta e discordava das minhas intervenções até que uma professora percebeu a situação e disse que ali tinha um problema, insinuando inveja da parte dela, mas não aprofundou a questão e ficamos por isso mesmo. Era essa a minha vida quotidiana naquele país e todos ao redor minimizavam o racismo que eu experimentava, até achavam que eu exagerava, soltando frases do tipo "Acho que não foi bem assim"; "Talvez você tenha entendido errado"; "Ele não é racista, é só frustrado". Certa vez, num bar, ouvi da proprietária: "Essas mulheres imigrantes têm até o sapato melhor que o meu". Reagi e quando cheguei em casa fui chamada de exagerada, não havia uma só pessoa que legitimasse minha raiva e indignação. Era a mesma dinâmica de sempre, todo mundo negando o que eu sentia e vivia socialmente. Aprendi a não mais falar com as pessoas ao redor de tão banalizadas eram as minhas experiências e micro agressões que sofria que houve momentos em que cheguei a duvidar do que via e ouvia.

No dia da minha formatura do mestrado a família do meu marido estava presente. Em nenhum momento importante da minha vida, exceto nos votos religiosos, a minha estivera. Na minha formatura de oitava série fui sozinha, naquela do segundo grau tinha duas freiras e na graduação também não havia ninguém da família, assim como no meu casamento, no nascimento do meu filho ou nos meus aniversários. Meu sogro, durante todo o evento, mostrou-se agressivo e incomodado com o meu diploma e ao final da cerimônia, no momento do aperitivo, soltou a seguinte frase: "E quem está pagando tudo isso aqui?". Meu marido havia me pedido para mentir, dizendo que eu havia sido contemplada com uma bolsa da comunidade europeia, pois para a sua família eu não deveria ter nenhum direito de gastar dinheiro com estudos. Ao responder, ele completou: "E a brasileira se aproveitando de tudo isso?".

Terminei o mestrado e lutei com todas as forças para fazer o doutorado, com um filho pequeno para cuidar. Ouvia conselhos que se os professores não me conhecessem, eu nunca conseguiria passar num processo seletivo. Na Itália, os concursos de doutorado são quase sempre por indicação e alguns editais são abertos apenas por mera formalidade, pois os alunos são escolhidos previamente. Assim, passei a escrever e marcar conversas. Fui até Milão várias vezes. Na última, o professor perguntou por que eu queria estudar "imigração", como se fosse a coisa mais contraditória que existisse, eu, imigrante, querendo estudar sobre o assunto e ainda na Itália. Não feliz com a resposta, ele sugeriu: "Estuda os brasileiros que aqui estão". Ou seja, "Se for pra estudar, que seja o seu próprio grupo", eu só cabia no lugar do específico ou particular. Nenhum aspirante ao doutorado italiano ouviria isso de um professor.

Numa das minhas idas de trem escorreguei na estação e cai escada abaixo, pois era um dia chuvoso e o chão estava molhado. Ali mesmo fiquei por alguns segundos e as pessoas passavam por cima, até que um senhor idoso parou, ajudou-me a levantar, conduzindo-me até a saída da estação. Cheguei na universidade e a professora disse que não poderia me atender depois de termos combinado o encontro dias antes. Mesmo assim insisti no doutorado. Um tempo depois, fui conversar com uma professora de Sociologia em Verona e ouvi dela que não tinha uma lista de livros para estudar, nem uma bibliografia, que era suficiente saber os conceitos fundamentais da Sociologia, e que tampouco precisava apresentar um projeto de pesquisa durante a seleção.

No dia da prova, nervosa, a banca, formada por três homens, sorteou na hora o tema e tivemos que discorrer sobre ele. O tema era "escreva um projeto de pesquisa". Escrevi em uma hora e meia o que levamos meses no Brasil para elaborar e depois disso fiz uma entrevista na frente de todos os outros candidatos. O tema foi "discorra sobre a corrente francesa pós-moderna". Foi frustrante. Nem tanto pelo conteúdo, mas pela modalidade. Não passei e senti-me horrível. Comecei a procurar editais e, no ano seguinte, tentei novamente. Dessa vez, mais segura, consegui superar a seleção em Milão Bicocca. Recebi um telegrama em casa avisando, de antemão, que não receberia bolsa de estudo, que se quisesse apresentar-me do mesmo jeito aquela era a condição. Guardo ainda hoje esse telegrama e como não havia condições econômicas, nem apoio, desisti, pois meu marido, à época, disse que não abriria mão de férias e de comer fora nos finais de semana. Fechei-me numa grande dor e fui fazer outro mestrado ali mesmo, mais perto. Foi durante esses estudos de Filosofia feminista que me dei conta de que se eu ficasse na Itália murcharia a cada dia, até não me reconhecer mais. E se tem uma coisa que me motiva toda vez que estou dentro de algum poço escuro é pensar que cheguei até aquele ponto e que tem mais caminho feito do que para fazer. Isso ajuda-me a levantar da cama, às vezes. Penso na minha avó e em quanta força precisou para ir adiante, penso que não tenho o direito de desistir. Por ela, pelas minhas antepassadas cativas e sobreviventes de um dos massacres mais cruéis da história da humanidade: a escravização do povo africano e o massacre dos povos indígenas.

Lyon, 23 de dezembro de 2019.

E continuo.

Você lutando para dar conta da sua vida e carreira, eu da minha. Se tivesse tido interesse em partilhar tudo isso, teríamos feito, mas você aparecia, sumia, trazia suas frustrações e buscava afagos, não deixando nada e ainda me culpava por eu não lhe dar o que esperava. A verdade é que você não dava, mas exigia receber. Em outubro de 2010, escrevi-lhe:

> "Oi.
> Hoje ouvi uma música que gostava de escutar quando estava na casa da Rosa. Lembra daquela minha amiga lá do Inconfidentes? Do apartamento dela? Ela adorava sertanejo e só tinha CDs do gênero. Quando ficava sozinha, escutava todos. Aí bateu uma grande saudade sua. Que bobagem!!! Já se passaram tantos anos, mas hoje a lembrança é tão viva. O chão, o sofá, a cozinha dela, você. Deu vontade de te abraçar..."

Em novembro de 2010, sem mais, você aparece e me deixa um:

> "Saudades!"

Respondi:

> "Eu também."

Alguns dias depois, lhe mandei a música "Giz", de Legião Urbana.

No ano seguinte, fui ao Brasil. Vi você de longe, fazendo exercícios físicos numa pracinha enquanto eu passava de carro. Abaixei o vidro e gritei seu nome. Dias depois, você me escreveu:

> "Olá!
> Alguma intuição! Algum incômodo! Causa obscura!
> Mas... Como vai? Espero que esteja bem!
> Abraços!"

Respondi, já meio cansada *dos seus quase monólogos*:

> "Estou bem, e você?"

Disse que havia lhe visto e você sequer tocou no assunto. Não disse se foi por isso que escreveu e se ouviu meu grito. Também me calei por um tempo. No final do ano, você novamente procurou-me:

> "Olá, Bia!
> Tudo bem? Espero que sim. Felicidades!
> Um forte abraço!"

Respondi:

> "Estou bem sim. Aqui somando noites de sono sem dormir por causa do filhote que resolveu trocar o dia pela noite. Faz parte da maternidade. E você? Vi-o malhando na praça em julho. Imagino que esteja em boa forma.
> Abraço,
> Bia"

Você sumiu por um ano, depois apareceu chamando-me pelo nome e não mais de "Bia".

> "Olá!
> Tudo bem? Espero que sim!

Lembrei-me de você e deu vontade de ter notícias! Abraços!"

Esse seu jeito de chegar querendo notícias e desaparecer quando lhe convém me incomoda muito. Soa arrogante, como se as coisas devessem acontecer somente no seu tempo e do seu modo. Eu, por exemplo, desejei tantas coisas, conversas mais profundas, contatos mais frequentes, partilha de vida entre duas pessoas que se tocaram na alma, mas nunca me senti no direito de lhe cobrar isso e, muito menos, dizer o que desejava. Também acho que é esse o jeito típico masculino de não falar de si, de assuntos pessoais, e delegá-los às mulheres, forma de se manter superior e de ter certo domínio da situação. Não gosto de pessoas que não falam de si mesmas nas relações e isso me faz recordar a autobiografia de Carl Jung, na qual ele relata uma conversa que teve com Sigmund Freud durante uma viagem. Os dois combinaram de contar um ao outro os sonhos que haviam tido e cada um interpretaria o sonho do outro. Jung assim o fez, mas quando chegou a vez de Freud este se recusou a contar, alegando que não iria falar de si para não colocar em risco a sua autoridade. Jung interpretou essa atitude como arrogância, disse que naquele momento se decepcionou, pois o mestre havia colocado sua autoridade acima da amizade. Eu e você não tínhamos nenhum acordo pré-estabelecido, de minha parte ansiei por reciprocidade, da sua não sei. Toda vez que falei de mim você vinha com suas interpretações. Acabei lhe cobrando por isso.

"Olá,
Que surpresa! Dou notícias minhas se você também falar de si. Você me escreve uma linha e quando faço o mesmo você se irrita. Bom, quanto a mim, estou numa crise existencial sem

precedentes. Talvez seja a idade, talvez seja o fato de ver que alguns sonhos não conseguirei realizar, talvez porque eu tenha me tornado mais realista e a realidade nunca foi meu forte.
Meu matrimônio vai bem, bastante monogâmico, por sinal. Meu filho cresce bem, fala muito e faz-me muita companhia, a maternidade ainda me assusta. A Itália vai mal, mas no Brasil não sei se me adapto novamente....
Bem, é isso... e você?
Abraço."

Como resposta foi a primeira vez que falou de você:

"Olá!
Temo ser intruso demais em sua vida! Você me deixou mais à vontade, então, vou desabafar! Imagino que sua interpretação de seu momento seja muito próxima da perfeição. Sobre algumas coisas, posso afirmar que eram previsíveis. Tenho uma colega de trabalho, excelente professora de Sociologia, que se tornou mãe agora, aos 35 anos, e entrou em crise. As razões, ao que parece, muito semelhantes às suas. Curiosidade é que ela vive bem com o pai da criança, mas optaram por morar em apartamentos separados. Eu vou bem! Também sentindo os primeiros efeitos da 3ª idade. Terrível só de falar. Pouquíssimos amigos, pouquíssimos passeios, pouco samba, nenhuma boa dose de vinho e muita dedicação à família. Interessante como esse treco de família absorve a gente!!! Completamente!!! Como sempre, nos últimos 25 anos, trabalhando como um louco. Estou no segundo ano do doutorado e em crise com as centenas de textos, com o tema, com a orientadora, meio sem rumo. Surgiu a possibilidade de fazer doutorado sanduíche nos Estados Unidos. Isso me deixou mais em crise ainda! Ainda não dei resposta positiva e estou pensando nisso há cerca de três meses. No mais, está tudo bem, L., J. (12 anos, já dando as primeiras preocupações da adolescência) e P. (9 anos, um rapagão lindo e inteligente, tudo que o pai queria ter

sido) vão me suportando. Ontem me senti meio desamparado, deu vontade de fazer contato com você e não pensei duas vezes. Obrigado pela sua atenção.
Um forte abraço para você e para seu filho."

Respondi:

"Olá,
Você como sempre com a mania de interpretar minha vida. Sei lá se é perfeição! Acho que me casei com um engenheiro porque estava cansada dos caras da área de Humanas. Tive vários relacionamentos depois que deixei o convento, mas a categoria não variava muito. Eram sempre filósofos, historiadores. Todos viviam sempre em crise. Sei como é, eu também tinha as minhas frequentemente, decidi que não iria dar certo. Mudei! O primeiro engenheiro que encontrei, casei. O interessante é que ele nunca teve uma crise existencial, aliás, até o termo é estranho para ele. A realidade é como se apresenta, nem mais nem menos. Ele é o melhor pai que poderia encontrar para meu filho, super presente, sem grilos, sempre de bom humor, muito família, disponível e admira-me bastante. Talvez parte da minha crise se deva a isto. Era tudo que eu queria, mas é tudo tão diferente de mim. Às vezes, não me reconheço na vida que construí. Eu precisava de um ninho seguro, mas no momento encontro-me sem asas. Sinto falta de um bom papo. Também tenho poucos amigos e os poucos que ainda tenho, com a distância, estão ficando no passado. Ando com tanta preguiça de começar uma amizade. Ao contrário de você, tenho bebido muito vinho bom, ouço minhas músicas sozinha e de vez em quando até danço, viajo muito e estou tentando entrar no doutorado aqui. Algumas universidades rejeitaram minha inscrição, outras aceitaram, a coisa aqui é estranha, cada uma pode estabelecer seus próprios critérios. Se eu não conseguir este ano acho que minha crise vai piorar.
Bom, por hoje é isso...
Abraço e sinta-se amparado."

Acrescentei no dia seguinte:

"Para terminar a 'sessão amparo', envio-lhe 'Só o que me interessa', de Lenine."

Lyon, 25 de dezembro de 2019.

Caro.
Durante meu período na Itália, você aparecia e sumia. Para falar a verdade, à distância de anos, essas suas idas e vindas não me trouxeram nada. Cada vez que você chegava sentia-me feliz, pois vivia um período de grande solidão. Casamento não garante companhia, não para mulheres. Tinha fome de tudo, de relações profundas, de arte, cultura, de realizar os meus sonhos, como aquele de continuar a vida acadêmica, de reconhecimento e ainda não me dava conta do quão devastador é o patriarcado, aliado à supremacia branca e à mentalidade colonizadora. Como mulher negra, na falta de instrumentos para ler a minha condição, apenas absorvia a violência quotidiana e a opressão, somadas a um racismo diário exercitado pelos italianos que se sentiam superiores a mim em tudo. A situação era insustentável e fui ficando cada vez mais "agressiva", segundo a sociedade que me lia desse modo, de tanto ter que defender-me todos os dias. No inverno, na ausência de sol e luz, não conseguia sequer levantar do sofá, perguntando-me o que me levara até ali e o que me fazia ficar.
Sem um grupo de referência e rede de suporte para partilhar a vida, os dons e os desejos é difícil viver. Estava cercada por pessoas que só se importavam em "subir na vida", comprar casa, fazer filhos, comer bem, dormir e, apesar da solidão, no Brasil eu tinha vindo de militância em movimentos sociais. Cada vez que tentava falar do que

via no país e no mundo, ou fazer alguma reflexão sobre o sentido da vida e de nossas ações, olhavam-me como se estivesse louca. Sentia que ali ninguém me via de verdade, nunca se interessaram em saber quem eu era, de onde vim, quais eram meus valores, visão de mundo, anseios ou medos. Jamais me perguntaram algo que pudesse me aproximar deles. O que mais ouvia era "você tem herança de família?", "você engordou, né?", "como é viver nas favelas do Brasil?". Muitas vezes ouvi de mulheres italianas que os italianos vão buscar mulheres no Brasil porque elas não fazem o que eles querem. Esse tipo de comentário vinha de quem vivia de dieta para ser desejável e aceita pela sociedade patriarcal, que objetifica a tal ponto o corpo das mulheres que muitas delas circulavam esqueléticas e vazias de amor-próprio, mas mesmo assim se achavam mais emancipadas que eu.

Minha sogra, mulher operária, ao perceber que havia achado alguém abaixo de si para sentir-se superior, disse-me que eu deveria agradecê-los pelo tesouro que haviam criado para mim, meu marido, no caso. Essa fala é reveladora da autoimagem e da sociedade italiana diante dos empobrecidos e colonizados. Já da minha parte, minha irmã, ao conhecê-lo, lhe disse: "Como você a suporta?". Essas duas falas são reveladoras de como cada um enxerga o outro e a si mesmo nessa relação, é também ilustrativa das relações entre Europa e América Latina, entre Itália e Brasil. Segundo eles, haviam me dado o melhor e eu lhes deveria ser grata; segundo os meus, haviam dado a eles o pior.

Minha família tem uma postura de adoração em relação à branquitude, um racismo velado, que quando é confrontada, nega. Meu cunhado pediu exame de DNA à minha irmã porque a filha não nasceu loira como a família dele; meu irmão, loiro, certa vez me contou que sua namorada o havia deixado e, nas suas palavras, "por um cara da cor de pneu". Um primo disse à minha irmã que já que eu estava morando na Europa e estava chique, deveria alisar os cabelos; uma prima branca me revelou odiar homens negros, pois ela havia sido assediada por um deles na rua quando criança, a mesma prima que fora abusada pelo cunhado, marido de sua irmã aos nove anos e que a cor do abusador, diga-se de passagem, branca, fora esquecida. Outra prima, ao conhecer meu filho em uma das visitas que fiz à minha tia, disse o seguinte: "Ele não tem nada de especial, é igual os nossos mesmo". Essa frase poderia ser o resumo do pensamento social brasileiro e subserviente em relação à Europa, aos europeus e à branquitude. Da parte do meu pai, uma prima negra disse que eu tinha feito bem em "clarear a família". Nunca veriam meus relacionamentos de forma igualitária, pois com um italiano, ele era o elemento que me agregava valor e, se eu tivesse me casado com você, homem negro, teria sido vista como alguém que não conseguiu nada de melhor, o que me tirava ainda mais o valor.

    Tive muita vontade de largar tudo e voltar para o Brasil, mas eu tinha um filho, não podia simplesmente pegar minhas malas e partir. Nesse meio tempo, os pais do meu marido compraram um apartamento na cidadezinha onde eles moravam para mantê-lo por perto e o controlar. Era uma relação de dependência tão grande, mas toda vez que tentava falar disso a resposta era: "Você não tem mãe, não pode entender isso". Minha vida só piorou nessa cidade, onde havia uma única rua principal, uma igreja católica que dominava tudo e a sede do partido xenófobo, Lega. Havia somente uma creche, a que meu filho frequentava, e que, para obrigar os pais a irem à igreja aos domingos, mandava atividades do tipo: "O padre vai dar uma pedra durante a missa para que as crianças tragam para a atividade de segunda". Minha raiva era tão grande por ser levada a fazer sempre o que não queria que minha vontade era de recolher minhas próprias pedras na rua e enviá-las.

Meu alivio foi a biblioteca que, para a minha felicidade, possibilitava encomendar livros e filmes em outras cidades que eram entregues diretamente em casa. Foi assim que aguentei os dias e os anos. Os almoços de domingos eram a imagem do inferno. Uma família branca que só falava em dinheiro e em como subiu na vida, utilizando-me como o expurgo e espelho para confirmação da sua superioridade.

Um dia, minha sogra colocou-se a fazer gestos na cozinha, batendo na boca com as mãos e emitindo sons, dizendo que estava imitando meus parentes da floresta. Em outra ocasião, ela disse que o sonho do seu filho, quando era mais jovem, era de se casar com uma mulher loira, alta e bonita, mas que ele não conseguiu realizá-lo. Ao dizer que isso era racismo, ouvia a mesma história: "Ela só estava brincando". Em uma ocasião, a família pediu-me para abrir a boca e mostrar meus dentes na frente de todos; em outra, ainda, dirigindo-se ao meu filho, a mãe do meu marido disse: "Antigamente, os negros eram escravos dos brancos", como se fosse algo positivo. Meu filho, então, lhe disse: "Vamos brincar de escravo, vó? Eu sou o branco e você o negro". Então, ela se colocou de quatro no chão, enquanto ele lhe subia nas costas. Ao reprová-la com fúria, ouvi da família que era isso que eles aprenderam na escola. Não tive dúvidas de que se eu quisesse salvar a mim mesma e ao meu filho daquela configuração social, precisaria ir embora, pois não teria nenhum respaldo da sociedade para crescê-lo de forma diferente e sem um grupo de referência com outros valores, eu seria vencida.

Cuidava do meu filho e o tempo que tinha estudava para

conseguir passar no doutorado e não havia nenhum apoio para isso. Essa família que aguentei por anos via os meus estudos como perda de tempo. Segurei a barra para que meu marido fizesse mestrado para subir na carreira, incentivei-o nos estudos, suportando a sua ausência nos fins de semana por um ano. Mas quando chegou a minha vez de realizar meus sonhos, estava sozinha, completamente. Lembro que partilhei isso com uma das minhas melhores amigas no Brasil, que você também conheceu, e ela aconselhou-me a deixar os estudos e segui-lo, pois, segundo ela, eu já tinha estudado demais. Às vezes, para irmos adiante, é preciso deixar para trás algumas pessoas, mas quando deixar pessoas é praxe na vida de uma mulher negra, a gente ainda se agarra a algumas relações que só mantêm nossas correntes.

Com as freiras, o assunto era sempre o mesmo: "Como vai sua relação com Deus?" ou "você está rezando?". Uma delas até ousou perguntar como era minha relação sexual com meu marido, se rezávamos juntos, pois, segundo ela, seus pais sempre faziam isso. No meio de toda uma sociedade que queria manter-me submissa, no papel de mulher silenciada da família tradicional, você aparecia para sugar e não para oferecer algo. Cansei de ser sugada de todos os lados. Cansei de não poder dizer a minha palavra, das interpretações dos outros, dos sonhos sonhados para mim, dos meus desejos abafados, do meu silêncio em troca de relações sociais ou de vínculos e de migalhas de amor.

Essa sociedade patriarcal, branca e capitalista é uma máquina de moer sonhos, projetos e subjetividades. Sozinhas, muitas de nós desistiram de si mesmas. Entendo muito bem o que é isso, pois foi por um fio que não desisti de mim. Foi sempre por um fio.

Lyon, 27 de dezembro de 2019.

Bom dia.

Talvez a essa altura, você já tenha entendido essa minha vontade irrefreável de falar por mim, coisa que me foi impedida durante toda a vida, não só pela força física, mas pela violência do discurso. No final de 2012, escrevi-lhe:

> "Olá,
> Semana passada, lembrei-me de ti. Como não passei no doutorado em Sociologia, resolvi fazer outro mestrado, desta vez em Filosofia. Estou me distanciando cada vez mais da minha Sociologia. Quero ver para onde isso vai me levar."

Na verdade, havia passado no doutorado em Sociologia na Universidade de Milão Bicocca. Recebi um telegrama dizendo para apresentar-me na data combinada para a matrícula, porém não receberia a bolsa de estudos. Meu coração sangrou. Tinha uma pequena esperança de conseguir fazer sem bolsa, teria feito se tivesse apoio naquele momento. Acostumada a ceder sempre, não insisti, guardei o telegrama e tudo aquilo que lembro ter sentido, inclusive uma dor física que me fez chorar sozinha por dias seguidos. Consolei-me ao me matricular no segundo mestrado em Filosofia, dessa vez mais perto, mas meu coração estava nela, na Sociologia, nos conflitos sociais, nas construções sociais e desnaturalizações.

Como fantasiei que alguém apareceria para oferecer-me uma bolsa de estudos dizendo: "Vai, agora é a sua vez".

Na primeira aula do mestrado, estava ali por compensação, para poder respirar, pois os estudos não eram somente um modo de subir na vida, os estudos para mim representam a cura do meu vazio existencial, da minha carência afetiva e material, a minha fonte de vida e de pensamento, sem isso eu seco, murcho. Quantas mulheres nessa situação eu encontrei pelo caminho!

A vida é interessante, às vezes olho para trás e vejo que poderia ter percorrido tantas outras estradas e pergunto-me o que eu seria se tivesse feito outras escolhas, conscientes ou não delas. Por exemplo, como seria minha vida se eu tivesse me casado com você ou ficado no Brasil? Não tenho arrependimentos dessas escolhas, nostalgia sim, dessas que bate de vez em quando e nos direciona o olhar para baixo.

Beijos e boa semana.

Lyon, 28 de dezembro de 2019.

Boa noite.
O tempo passou lhe escrevendo. Tem sido um exercício doloroso, mas necessário. Nossa! Quantos fantasmas têm saído nos sonhos, como diz Frantz Fanon, são sonhos musculares.

Quando ainda estava na Itália, enviei-lhe para o seu aniversário a música "ex-amor", com Martinho da Vila e Simone, e percebi muitos anos depois que você sequer sabe a data do meu, pois nunca recebi os parabéns da sua parte. Cobrei-lhe isso uma vez e você respondeu: "Os homens não ligam para essas coisas". Eu já não aceito mais esses discursos essencialistas sobre o masculino e o feminino, cômodos para deixar os homens nos lugares de sempre, ou seja, longe da casa, do cuidado com as relações, do afeto e da reciprocidade. Você tem ideia de quanta energia gastamos tentando transformar casa em lar? É subtração de afetos e de tempo. É investimento afetivo que ninguém contabiliza, ninguém fala, ninguém reconhece. Passamos a vida recordando as datas de aniversários, presenteando, cuidando dos sentimentos dos filhos, do companheiro, do lazer da família e da vida social, ligando para os parentes nas datas, combinando almoços e encontros, levando os filhos em cada festinha de aniversário, pensando no lanche da escola, enquanto vocês aparecem somente na hora de brilhar para a sociedade, com os títulos de estudos adquiridos graças às nossas renúncias e invisibilidade. Essa energia e tempo que gastamos daria um excelente retorno em salário. Ao homem, sobra tempo e energia para investir na carreira e nos estudos.

Vivi isso no meu casamento, sobretudo quando decidi recomeçar meus estudos acadêmicos. Com um filho pequeno, nunca pude participar de eventos à noite na universidade porque precisava ficar com ele, enquanto o marido vivia em jantares da empresa depois do horário de trabalho e podia viajar tranquilamente. Se eu quisesse participar de algum congresso, precisava me virar para encontrar alguém de confiança para cuidar do meu filho e quando me deixavam na mão era sempre eu quem deveria resolver sozinha. E ouvir de você que recordar data de aniversário é coisa de mulher? Nem percebi quando foi mesmo que tomei consciência que caminhamos por estradas diversas.

Beijos!

Lyon, 29 de dezembro de 2019.

Escrevi-lhe em 2013:

"Olá,
Hoje me lembrei de você. Sei que seu senso de humor é bem precário e espero que não esteja mais com raiva. Ah, assisti novamente ao filme 'A letra escarlate'. Filme que havia visto aos 17 anos por sugestão sua, foi gostoso revê-lo aos 33."

Já estava me dando conta de que minha relação matrimonial era de mão única, somente eu me doava. E olha que dei muito, dei cultura, conhecimento, conselhos, análises de conjuntura, tempo, reconhecimento e trabalho considerado "improdutivo", como as vezes em que passei camisas para que ele fosse se exibir no espaço público, ganhar os elogios e os encorajamentos. Ainda me cobravam que eu fosse feliz, afinal, tinha uma casa, uma família, diziam todos e todas, e muita gente me invejava por morar na Europa.

Entrei no mestrado em Filosofia já tão cansada do país, da vidinha pequeno-burguesa, da família patriarcal, da hostilidade da sociedade e até mesmo da minha insignificância. Era isso, passei anos lidando com a minha insignificância. Havia deixado a cidade de Verona para morar em outra cidade com dois mil habitantes, sem ônibus ou qualquer transporte público, sem um cinema, sem uma rede de amigos e pessoas preocupadas com os problemas do mundo, com reflexões sobre si mesmas ou em posicionar-se politicamente. A vida ali já estava formatada, era somente acostumar-me caso eu quisesse sobreviver. Até tentei, confesso, mas tenho alma selvagem, venho de povos livres que não se deixaram domar, pagando com a própria vida as correntes que quebraram.

Imagine só, sou a primeira geração da minha família que sabe ler e escrever, sou a quarta geração de libertos do período escravocrata brasileiro, não podia morrer naquela vidinha medíocre onde fui me enfiar. Dentro de mim um grito sufocado de liberdade urgia em sair, mas timidamente me arrastava vida afora, tentando mentir para mim mesma de que havia achado casa. Eu sei que a minha busca por casa me levou até o convento e ao matrimônio, mas sei também que não é qualquer casa que busquei para mim, pois não era somente a forma que me interessava, era o que havia dentro. E, por isso, me liberei das duas, mesmo com dor, muita dor por ter que recomeçar tudo de novo, e sempre de novo.

Poderia até suportar as velhinhas que diziam à família do meu marido onde eu estava antes mesmo que eu chegasse em casa, que comentavam das minhas roupas, dos olhares dos "homens de família" despindo-me até mesmo diante das suas esposas, do moralismo hipócrita quando todos sabiam quem era amante de quem, da Igreja Católica ditando a vida naquele lugar. Mas, algumas coisas não suportava: a ausência de pensamento, a reprodução automática de tudo, os mesmos estereótipos e preconceitos. Os gays eram tratados como doentes, as mulheres divorciadas como prostitutas, as mais livres como loucas. Aquele lugar parecia muito com o que eu tinha estudado sobre a Idade Média, e depois somos nós os atrasados.

Foi assim que comecei a traçar um plano para retornar ao Brasil. Se tem uma coisa que não me permito é morrer em uma situação dessas sem lutar, pois às vezes, deitada no sofá e sem forças, algo no fundo me dizia: "As suas ancestrais lutaram para sobreviver depois de serem estupradas, torturadas, humilhadas, consideradas animais sem alma e você chegou até aqui para acabar assim? De jeito nenhum, limpe as feridas e lute".

    Tudo que eu vivenciava e ouvia só reforçava o desejo de ir para bem longe dali. Ouvi da minha cunhada enfermeira, durante um almoço de domingo, sobre as crianças negras que nasciam na maternidade onde ela trabalhava, que ela e as demais colegas se divertiam olhando os pênis dos meninos e chegaram à conclusão, através da "observação direta", de que os meninos negros tinham o pênis maior do que os outros. Naquela hora meu coração sangrou. Acompanhei com tristeza as risadas e pensei: "É assim que se divertem com nossos corpos". E era chegada a hora de partir.

Lyon, 2 de janeiro de 2020.

Caro.
Nem sei como lhe chamar ou me dirigir a você. Não posso chamá-lo de ex-amor, de amigo, de amado. Sinto que, de alguma forma, escrevendo-lhe, meus sentimentos se modificaram, até minha percepção sobre você e sobre nós. Vou continuar.

Não cheguei até aqui para que aniquilem meu pensamento, interpretem minhas falas e minha vida como bem entendem sem que eu possa dizer a minha palavra. Não. Por isso escrevo-lhe, pois você nunca me conheceu de fato. Lutar para que não substituam a minha história e a minha memória é o que farei. Nunca pensei que devesse fazer isso em todos os âmbitos da minha vida, mesmo aquele das relações amorosas. Pensei em descansar, compartilhando minha vida com alguém, mas vejo o quanto o patriarcado está o tempo todo oprimindo, o racismo anulando e o capitalismo subjugando.

Durante o curso de Filosofia, apesar do sofrimento, entrei em contato com meus desejos, aqueles mais profundos, e lá estava a necessidade de estudo, a fome de conhecimento e de sentir-me útil. Uma professora, em uma das aulas, disse que a diferença sexual é aquela mais radical. Não, não é a mais radical. Não para mim. Eu não era igual às mulheres que estavam ali, havia um mundo que nos separava e gênero não nos unia, de jeito nenhum. Sou muito grata por esse estudo e pelas lutas que travei em sala com professores e colegas para existir, foi o que mais tocou minha alma, pois li muitas mulheres apagadas pela história, filósofas, escritoras e todas elas tinham uma grande necessidade de uma vida toda para si, como Virginia Woolf apontou em *Um quarto só para si*. Precisei, levada pela urgência, resgatar teorias e pensadoras que falassem da minha existência, onde eu cabia dentro desse mundo. Devorei Simone Weil, Simone de Beauvoir, Virginia Woolf, Luce Irigaray, Irène Némirowsky, George Sand, entre outras. Sentia a alma aquecer, mas ainda assim faltava-me algo, sentia que minha vida não era ali representada em tantos aspectos. Eu, mulher negra e brasileira, em meio às minhas colegas que diziam "nós, mulheres", só conseguia sentir desconforto. Foi nesse momento que fui atrás de outra fonte e achei no feminismo negro a minha vida descrita nas vivências, experiências e teorias produzidas por mulheres negras.

Carolina de Jesus foi daqueles achados e daquelas leituras de transformação que arrebata. É possível escrever de dentro de um "quarto de despejo", sendo mulher, negra e não letrada. Lembro-me de uma passagem do seu livro, *Quarto de despejo*, em que ela conta por que não se casara, e a resposta era porque nenhum homem aceitaria uma mulher que acordava de madrugada para escrever. Sim. Carolina, com três filhos, sozinha, mulher da favela, tinha um caderno e um lápis debaixo do travesseiro e acordava no meio da noite para escrever quando tinha inspiração ou algum tempo só para si, sem marido para dar satisfação. Isso é feminismo! O fascínio de Carolina estava justamente nas condições adversas de sua vida, na luta pela sobrevivência em um mundo que tentava sucumbi-la: catar lixo, cuidar dos filhos sozinha, morar numa favela, dar conta da vida (apesar da fome e miséria), passar fome (de comida, de justiça e de oportunidades), ler a realidade do mundo ao redor com um senso crítico que falta a qualquer estudante de classe média de escola particular. Carolina ainda achava tempo para escrever e escrever sem precisar usar da imaginação, pois sua vida era tão rica de acontecimentos, mesmo dolorosos, de tantas ausências, que a matéria-prima do seu trabalho era exatamente isso. Depois conheci Sueli Carneiro através do artigo "Enegrecer o feminismo". Que achado na minha vida! Senti-me como se tivesse encontrado ouro. Traduzi o texto para minhas colegas de mestrado e professoras. Nenhum *feedback* obtive, nem para dizer "legal". Percebi que minha existência não interessava às feministas brancas. O importante para elas era olhar a opressão masculina sem olhar para outros tipos de opressões e absolutizar a luta delas, anulando outras. Quantas vezes citei exemplos de como não se pode falar de mulher no universal, mas fui ignorada ou atacada com argumentos "lógicos", como o de que era "uma questão ontológica". Lendo Butler, descobri que existem sujeitos que podem reivindicar para si essa tal "ontologia" sem se dar conta de que essa reivindicação também é, ela mesma, política.

Falo de tudo isso porque você estudou Filosofia e eu gostava tanto das nossas conversas, do seu jeito didático de me passar conceitos e livros, embora hoje consiga enxergar que a sua formação foi muito masculina e eurocêntrica. Não sei se você descolonizou o pensamento, querido, mas não existe cura para as nossas feridas sem passar por isso.

No final desse mestrado, juntei todas as forças que tinha para dizer que ali não me cabia mais e que eu precisava voltar para o Brasil. Meu marido foi comigo mesmo contrariado, pois, segundo ele, não queria ficar longe do filho. Assim, conseguiu ser transferido pela empresa e obteve uma vaga como gerente de tecnologia em Jundiaí, interior de São Paulo, antro da ostentação das origens italianas. Ali ele descobriu o paraíso, para mim, mais um inferno. Meu marido descobriu o privilégio de ser um branco europeu de classe média no Brasil e com o tempo começou a gostar disso. Vi de perto a transformação de alguém que "sobe na vida" e usa seu privilégio de gênero, classe e raça. É uma coisa assustadora! Ele também descobriu ali minha origem social periférica, minha raça, além da minha configuração familiar. Como alguém toma gosto pelo poder é algo que a Sociologia ainda não consegue explicar, os resultados e os efeitos sim, mas como a maioria gosta de sentir que tem alguém abaixo de si para subjugar, oprimir e pisar, além do ganho que isso tem para a psiquê, é algo intrigante.

Grande parte dos homens, ao exercer poder e privilégio sobre nós, procura nossos pontos fracos para nos atacar. Homens "quebram" mulheres por puro prazer na dominação. E o que mais me assustou constatar é que essas podem ser esposas, mães, irmãs, amigas, amantes, professoras... Você também tentou fazer isso, dizendo-me que não tenho raízes, que escondo coisas, que tento passar uma imagem de forte, que eu deveria "descer" para falar num tom mais baixo com você. Minha vida teria sido também uma constante luta ao seu lado para não me deixar dominar. Dar-me conta disso, por um lado, tira um grande peso, o daquela decisão tomada há mais de vinte anos; por outro, deixa um vazio, o de ter que deixar aquela imagem de você que carreguei por todo esse tempo, tentando manter algum vínculo com o passado e a sensação de "casa" toda vez que eu acessava memórias sobre nós. As coisas mudaram, sabe? Aos poucos te deixo ir, mesmo que jamais o tenha tido.

Lyon, 7 de janeiro de 2020.

Como vai?

Às vezes, penso nos rumos que as cartas estão tomando, pois quando comecei a escrever-lhe havia em mim um sentimento de dívida com você e queria lhe dar algo, a minha história, mas, no meio disso, você apareceu algumas vezes e as coisas começaram a mudar. Não sinto mais que lhe devo.

Vou continuar contando-lhe sobre a minha volta ao Brasil, pois coincidiu com muitos dos seus e-mails e com suas insatisfações jogadas para cima de mim, reivindicando não sei o quê e ainda saía frustrado, acusando-me de insensibilidade e de não o acolher. Responda para si mesmo, não precisa me falar: alguma vez você me acolheu?

Um dos e-mails raivosos foi em 2014, ano em que voltei para o Brasil e estava reinventando minha vida. Você estava em outra fase e não nos encontramos nem nas palavras. Você acusou-me de querer ser forte e tentar esconder algo. Saquei o problema: você não aceitava o fato de que eu não era frágil e vulnerável para você mostrar-se poderoso, tampouco que eu, nesses anos todos de contato, não me atirei aos seus pés, chorando arrependimento. Talvez fosse isso que você me acusava de esconder. Cheguei a lhe perguntar se era esse o problema, mas obtive um vácuo como resposta, apenas palavras duras. Não tem espaço para mim como mulher forte na sua vida, como aquela que não quis se casar aos dezessete anos e foi embora. Insistentemente, você tentou me colocar de volta no lugar de onde lutei para sair, encheu-me de hostilidade e tentou encher-me de culpa, dizendo que estava na crise da meia-idade, que buscava consolo em mim e eu não lhe dei. O que é isso? Viramos a varanda *gourmet*, para os homens chegarem, se sentarem, pedirem um café ou uma cerveja gelada e depois se mandarem? Não tinha obrigação nenhuma de preencher seus vazios e seu ego de homem "bem-sucedido", considerando-me termômetro para medir suas vitórias. Estava dando conta da minha vida, do meu filho, com um homem que só pensava em si, na imagem que poderia apresentar à sociedade para tirar proveito, e você nunca chegou para perguntar, entender, acolher, apenas para sugar o que achava ser seu de direito. Não e não. Depois de um silêncio de três anos você aparece do nada, dizendo:

> "Olá, Bia!
> Tudo bem com você? Desejei ter notícias tuas. Espero que esteja bem.
> Abraços."

Respondi:

> "Olha só quem aparece! Tudo bem?
> Esses dias lembrei-me de você. Fiquei com uma frase do seu último e-mail, 'estou bem agora e não quero te ver'. Então, pensei: 'é justamente isso que nunca tive dele, vê-lo quando estivesse bem'. Espero que continue bem. Menino, minha vida tá se reinventando... Separei-me no final do ano passado, o pai do meu filho voltou para a Europa, encontro-me no interior de São Paulo com meu filho, fazendo doutorado, sem bolsa e ainda tendo que suportar o pato da Fiesp e seus seguidores. Estou 'ficando' com alguém e está legal, pois temos muitas afinidades,

mesmo assim tenho meus medos. Enfim, estou vivendo! Outro dia achei você no Facebook, até mandei convite, mas considerei a possibilidade de não aceitar.
E você? Como vai a vida? Terminou Ciências Políticas?
Abraço."

Recebi de volta um e-mail frio e até trocamos algumas mensagens, você enviou-me um evento que iria coordenar na universidade e lhe dei os parabéns. Aliás, talvez eu o tenha negado muitas vezes, se era isso que você buscava quando me procurava. O problema é que você queria reconhecimento, mas não havia reciprocidade entre nós. No e-mail não teve sequer uma palavra sobre meu divórcio, nenhuma pergunta sobre como me sentia. Nada.

Foi no momento do meu divórcio que gritei minha dor e vomitei tudo que eu havia engolido durante toda a minha vida e, embora todas as estruturas ao meu redor, encarnadas nas pessoas, tentassem me impedir de fazer isso, eu precisava romper aquele ciclo vicioso onde as pessoas me queriam no lugar da resignação e sempre que eu tentava ter algum poder sobre minha vida era interpretado como raiva, agressividade, loucura, arrogância, prepotência etc. Lutei para que, mais uma vez, não me substituíssem a memória e as minhas experiências, para ser protagonista da minha própria vida e dizer a minha palavra, não a que sempre quiseram ouvir de mim.

Descobri que eu estava em uma relação de enganos, mentiras, boicotes, opressão e manipulação com o meu marido, que coincidiu com um dos momentos mais difíceis da minha vida, a quase perda do meu filho. Enquanto todos à minha volta diziam que eu precisava salvar meu casamento, perdoá-lo, ficar em silêncio e satisfeita, pois ele era homem e eu, a mulher, responsável por carregar o mundo nas costas. Mas lutei para impor-me naquele momento. Briguei pelo direito à verdade, a minha verdade.

Quando cheguei ao Brasil decidi retomar meus estudos acadêmicos e, cheia de esperança, partilhei esse projeto com meu marido, que disse: "Você tem que aceitar que seu tempo já passou, já era". Aquilo doeu, pois eu tinha apenas 34 anos, havia renunciado a um doutorado, trabalhos, interrompido uma carreira, secundarizado tantas coisas para descobrir-me numa relação com alguém que me queria parada na vida, presa fácil de dominar. Respondi-lhe que eu decidia quando algo acabava para mim, daquilo não abriria mão jamais. Consegui entrar no mestrado em Sociologia na Universidade Estadual de Campinas (Unicamp) passando em terceiro lugar, pois os que fiz na Itália não foram validados no Brasil.

Depois disso, as coisas só pioraram, ele começou a exigir seu direito de "gringo" sobre as mulheres brasileiras, a exibir-se nos ambientes sociais, a sair com os amigos sempre sozinho e cercou-se da branquitude fascista que se acha superior aos outros, que ostenta roupa de marca, carro, casa, viagens e conta no Banco, mas sem nenhum capital cultural. A mesma que nos disse que morar no centro da cidade era conviver com gente feia e queria nos arrastar para condomínios fechados e exclusivos para manter esse mundinho intacto. A mesma que nos aconselhou a tirar nosso filho da rede pública porque, nas palavras que ouvimos de um engenheiro, estaríamos expondo o menino à convivência com bandidos.

Como homem branco e europeu "bem-sucedido", o vi transformar-se aos poucos, a sentir prazer na bajulação dos subalternos que o tratavam por "doutô" ou "italiano". Os convites da classe média não lhe faltaram, eram eventos, corridas, bares, restaurantes caros e em nenhuma vez ele tentou incluir-me nos seus programas. Tampouco eu queria isso, estava com a cabeça nos livros, nos estudos, nas reflexões, vivendo um dos momentos mais difíceis da realidade brasileira, aquele que antecedeu o golpe de 2016. Como se não bastasse, um dia ele anunciou que havia descoberto ser um liberal, a favor do Estado mínimo, da meritocracia etc. Como conheço sua história, sem uma educação pública na Itália ele jamais teria se formado; sem saúde pública, talvez não estivesse vivo. Tudo que ele usufruiu para chegar no Brasil naquela posição, na ex-colônia, ele recusava, colocando-se como modelo de quem esforçou-se para vencer na vida. Seu salário era dezessete vezes maior que o salário de um trabalhador e mesmo assim ele queria que eu ganhasse como ele, pois, na sua cabeça, poderíamos ter uma vida muito melhor se eu soubesse ganhar dinheiro.

Em 2016, parti para realizar minha pesquisa de mestrado na Itália e de volta àquele país, com meu filho por cinco meses, senti-me viva e livre sem ele. A pesquisa, os estudos são o que eu gosto de fazer. Porém, no meio do trabalho de campo, meu filho adoeceu, teve uma pneumonia que a princípio foi tratada como gripe pela médica de base e, quando a situação se agravou, ele foi internado. Alguns dias depois recebeu alta, mas diante do seu quadro que só piorava, devido ao diagnóstico e tratamento errados, foi hospitalizado com urgência.

No hospital, disseram que talvez fosse o vírus Zika, pois a imprensa internacional dera grande cobertura na época à epidemia no Brasil. Depois acharam que fosse tuberculose, mesmo eu dizendo que ele havia sido vacinado. Com o passar do tempo, a saúde dele se deteriorou. Enquanto eu enfrentava tudo isso sozinha, o pai, no Brasil, curtia a vida, a amante, os restaurantes caros, os motéis e a burguesia brasileira. Em nenhum momento ele me perguntou como eu estava, se propôs a conversar com os médicos ou o hospital, mesmo a gente passando dois longos meses ali dentro. Isolados, via meu filho piorar a olho nu, o líquido do pulmão virou pus, o pus cobriu todo o órgão e ele teve o que os médicos, mais tarde no Brasil, me explicaram ser derrame pleural.

Quando precisou realizar uma cirurgia de risco dei-me conta da gravidade e de que poderia perdê-lo. Aquela dor eu não iria suportar, não mesmo. Lembro-me de olhar ao meu redor e ver-me sozinha novamente. Queria um abraço, um único abraço, e não tive isso em nenhum momento, porque, para as pessoas ao meu redor, sou uma mulher forte. Saí uma noite do hospital para o convento onde estava hospedada e juro que olhei para os trilhos do trem e prometi a mim mesma que não viveria carregando dores vida à fora, gerindo minha ansiedade, lutando contra o mundo para viver e existir, daria fim à minha vida caso perdesse meu filho. Cheguei ao convento procurando por uma brasileira que havia trabalhado comigo em Goiânia, mas não tinha ninguém. Me dirigi para o jardim e diante de uma cruz enorme de madeira chorei, manifestei toda a raiva contra aquele Deus, e naquele momento deixei de acreditar que existisse um pai todo poderoso, onipresente e onipotente. O patriarca morrera. Fui elaborar esse luto apenas anos mais tarde, pois o vazio ficou e convivo com ele.

Uma das freiras, ao aparecer no jardim, vendo-me naquela situação, chamou-me para sentar-me no sofá da casa e, apesar dos discursos prontos, foi ali que achei algum abrigo e consolo. Quando meu filho estava em coma, o pai chegou. Veio a pedido do meu sogro. Na UTI, diante do meu corpo abatido, ele perguntou se eu havia comprado a roupa que ele me pedira ainda no Brasil. Meses depois, descobri que era presente para a amante. Meu filho em coma e aquele homem, que achei ser minha casa, diante de mim com aquela pergunta! Saí daquela experiência com algumas feridas na alma, algumas a mais para a coleção.

Tentei falar o tempo todo que tinha algo de errado com o diagnóstico da doença e com o tratamento que os dois hospitais onde estivemos deram a ele. Falei que não estava certo passar meses em um quarto de hospital com febre alta, tirar sangue do menino todos os dias e voltar sem uma solução, mas todos à minha volta me desacreditaram dizendo que eu estava na Itália e ainda no melhor hospital da região. Fui deslegitimada diante de um saber, aquele médico, e diante de uma sociedade colonizadora que se retém da parte certa, custe o que custar. No meu parto não foi diferente. Ao sentir dores fortes numa sexta-feira, fui levada ao hospital, mas sem dilatação mandaram-me para casa. Meu marido disse que não poderia fazer-me companhia à noite diante das minhas fortes dores porque precisaria dormir e assim passei a noite no chão, gemendo, até que no outro dia insisti novamente para voltar ao hospital. Deixaram-me dois dias em trabalho de parto, esperando a tal dilatação que nunca chegou e a induziram juntamente com um parto natural forçado de uma criança de quatro quilos e seiscentos gramas. Violaram o meu corpo com a manobra de Kristeller, arrancaram o meu filho com fórceps, depois de um corte de períneo que me fez ficar alguns meses sem poder sentar. Com febre durante todo o trabalho de parto e exausta, comecei a gemer, mas fui advertida pelo médico para parar com aqueles gestos da minha "floresta", enquanto uma enfermeira argentina lhe dizia que isso poderia ajudar-me a lidar com a dor. Depois de semanas onde mal caminhava, voltei ao médico que realizou o parto para questionar sobre a violência obstétrica e ele respondeu dizendo que achava que eu ficaria feliz em poder voltar a usar meu biquíni brasileiro de tipo fio dental. Europeus, em geral, não se relacionam conosco, mas com a imagem que criaram de nós.

De retorno ao Brasil com meu filho ainda com uma cicatriz que transpassava o corpinho de cinco anos e um dente arrancado na mesa de cirurgia durante a intubação, eu só conseguia chorar, estava sem chão, com uma dor ainda para elaborar. Foi então que vivi a perversidade de um homem quando quer se liberar de uma mulher que não tem mais utilidade na sua vida. Vendo-me frágil e sozinha, ele percebeu o momento ideal para culpar-me pelo casamento que estava desmoronando com frases do tipo: "Você é uma mulher devastada de traumas"; "você vai acabar sozinha no mundo como um cachorro"; "você me deixou sozinho aqui e eu precisava de colo"; "você não tem os traços delicados" etc.

Cheguei de volta no país em 17 de abril, dia da votação do *impeachment* da presidenta Dilma na Câmara dos Deputados. Com dor na alma assisti àquele show de horrores sozinha, num prédio com panelas que batiam, um marido que havia se juntado ao vencedor por covardia e privilégio e, assim, nem dormi naquela noite, preocupada com a gravidade do momento.

De todas as coisas horríveis que ouvi nesse período, aquela que sou "devastada de traumas" e sobre os meus traços físicos racializados me feriram mais. Não sou devastada, tenho traumas, sim, mas, surpreendentemente, sou uma mulher inteira, íntegra e tudo o que vivi não conseguiu devastar-me. Dói às vezes, mas não houve cisão da minha psiquê, sou uma mulher lúcida e luto dia e noite para manter-me assim. E sobre atacar-me na minha negritude, mostrou-me seu racismo, meu corpo já não era para ele um capital para mobilizar diante dos seus amigos. Senti, novamente, o que um corpo sem suporte evoca, ou seja, desejo de destruí-lo. Eu era de novo uma "janela quebrada." E foi no chão que virei o jogo, lutei sozinha para não ficar ali, com aqueles pés brancos na minha cabeça.

Comecei a notar na sua arrogância sinais de traição e descobri suas histórias extraconjugais e toda a sujeira debaixo do tapete, não somente durante aqueles meses de ausência, mas de anos de casamento. Descobri que meu marido pagara uma viagem para Londres à sua amante de 21 anos porque era esse o sonho dela. Eu havia renunciado a um doutorado para poupar-lhe dinheiro para suas férias e estava com mais de trinta anos tentando recuperar o tempo perdido e ele, sem nenhuma empatia, boicotando-me os sonhos, tentava impressionar outra mulher que estava só começando a vida. Ao questioná-lo, ouvi o seguinte: "Eu estou feliz por ter cuidado dela". Essa frase veio depois que passei pela doença do meu filho completamente sozinha, sem que ele jamais perguntasse como eu me sentia ou se precisava de algo.

A primeira coisa que fiz foi escrever para uma das freiras, pois queria casa, colo e, como resposta, recebi o seguinte conselho: "Não se faça de vítima, não o julgue, perdoe, pois Jesus perdoou". Foi como dizer-me: "Avante, pare de chorar e reclamar, pois precisamos sustentar o patriarcado". De uma das minhas irmãs ouvi: "Irmã, aceite a sua cruz e carregue-a". Ah, a cruz! Nenhum homem é chamado a carregá-la e às vezes até acho que essa ideia foi criada sob medida para nós. Eu não só carregava uma cruz, mas era constantemente pregada em uma, sacrificada desde que nasci, e era disso que eu precisava me libertar e não me acostumar à ideia.

Sem saber para onde ir, aceitei o convite para passar alguns dias no convento. Confesso que gostei da comida preparada, do tempo que ela me dedicou, mas fui levada para uma decisão que já não era mais para mim, não condizia com minha subjetividade, não respeitava minhas dores, aquela atual e as passadas. Voltei disposta a perdoá-lo, mas algo em mim dizia para cair fora se eu quisesse viver. Como as mentiras brotavam como plantas selvagens por todos os lados, não era mais possível sustentar o casamento. Pedi o divórcio e ele deixou o Brasil, retornando para a Europa e deixando-me com um filho pequeno.

Esse período também coincidiu com o assédio de uma das freiras italianas do convento onde vivi na Itália durante a doença do meu filho. Segundo ela, a cura dele foi um milagre intercedido pela fundadora da congregação. Ela pediu-me um atestado de um médico alegando que a medicina havia feito de tudo e que a recuperação do menino foi algo fora do alcance da ciência. Segundo ela, faltava somente um milagre para a fundadora de sua ordem receber a santificação do Vaticano. Recebi diversos telefonemas pedindo isso, além de um pacote cheio de roupas para meu filho, mandado por uma delas. O pedido foi um insulto à minha dor. Quer dizer que eu deveria ser grata a uma freira morta que pediu a Deus para salvar meu filho invés de escutar a mim, sua própria mãe? Ele não considerou todas as minhas dores anteriores para poupar-me mais essa e eu deveria estar feliz pelo milagre? Respondi que não iria pedir coisa nenhuma ao médico, mesmo porque eles erraram no tratamento, e foi assim que elas sumiram da minha vida por um tempo, aparecendo mais tarde com a pergunta: "e como está o milagre [meu filho] de nossa madre fundadora?".

Lyon, 8 de janeiro de 2020.

Olá.

Tenho uma longa experiência em consultórios de Psicologia e, na maioria das vezes, o atendimento foi marcado por grande violência. Primeiro, por negarem minha dor; segundo, por direcionarem-me para o universal ao qual pertenciam todos os profissionais que encontrei até então.

Quando estava no chão, sem ver saída, depois de quase perder um filho e descobrir a deslealdade do meu parceiro, procurei por ajuda. O primeiro psicólogo que encontrei em Jundiaí, um homem já idoso, burguês, ao ouvir meu relato do abuso sexual que sofri na infância se contorceu na cadeira e disse-me: "Você é uma mulher muito atraente!". Ao perceber minha reação de espanto, ele completou: "Falo do cabelo, dos cachos, são naturais?". Fui embora me perguntando se isso nunca teria fim e se eu era mesmo paranoica. Falando em paranoia, esse foi o primeiro diagnóstico dado por uma psicóloga rica, assim que entrei no convento. Para ela e para a Psicologia para a qual militava, a burguesa, branca e patriarcal, o problema era eu e não toda a violência que sofri a vida inteira. Mas, dessa vez estava disposta a lutar para definir-me, nem que o preço a pagar fosse realmente acabar só, como um cachorro. Voltei para dizer ao psicólogo que não queria mais continuar, pois a sua abordagem não era profissional. Vi sua cara de espanto e constrangimento. Foi então que comecei a perceber que meu poder de dizer "não" precisava ser exercitado mais vezes, muito mais. Se eu tivesse feito isso no meio de uma terapia no convento, as freiras diriam que eu estava fugindo e que não queria trabalhar o meu eu. Mas naquela altura da vida, o poder de um "não" foi libertador.

Procurei uma segunda profissional e, ao contar toda a minha trajetória de vida, ouvi o seguinte: "Isso é falta de Deus". Saí também daquele consultório cansada, frustrada e nunca mais voltei, mas enviei-lhe uma mensagem para dizer que se eu quisesse um conselho religioso, teria procurado uma igreja e não um consultório de Psicologia.

A situação piorou e eu não conseguia mais dormir, comer, cheguei ao exaurimento e precisei de intervenção psiquiátrica através do uso de medicamento. No consultório, acreditando receber a receita e voltar para casa, a médica pediu-me para contar a origem do meu sofrimento. Despejei minha história ali naquele consultório, sem grandes expectativas. Ao ouvir-me, atenta, ela disse: "Isso foi abuso, foi violência, e isso que seu marido está tentando fazer é manipulação". Até fiquei tonta com sua colocação, pois era a primeira vez que alguém me restituía, daquele jeito, o que sentia e vivia. Tentei amenizar a situação, para não parecer que estava me fazendo de vítima, como já havia sido acusada antes toda vez que tentava falar da minha dor. Ela fixou-me e de novo disse: "Isso foi abuso, você entendeu? Entendeu?". Não pude conter o alívio com aquelas palavras. Era a primeira vez que alguém reconhecia minha dor e a violência que vivi, dando legitimidade a ela. Depois de confirmar que eu não estava vendo coisas e que não deveria minimizar o que passei, pois foi violento, muito violento, nada mais conseguiu segurar-me. Fiz algumas sessões de terapia com ela e da última vez ela indicou-me o filme "A garota do trem", história de uma mulher que, por ser alcoólatra, quando estava lúcida, o marido sempre preenchia sua memória com histórias e acontecimentos inventados por ele para lhe incutir culpa e, quanto mais ela absorvia tudo isso, mas se afundava na bebida. Salvo as diferenças, me vi naquela mulher, caminhando pelo mundo com as histórias dos outros sobre mim coladas na minha carne.

  Vou falar mais adiante de uma frase que você me escreveu no último e-mail, admitindo sua violência, pois foi isso que redirecionou minha escrita e meus sentimentos.

Lyon, 10 de janeiro de 2020.

Olá.

Certa vez você me escreveu dizendo que havia se lembrado de mim porque havia batido o carro. Pensei: "Acho que ele quer me contar que conseguiu comprar um carro". Todas as vezes que você me escrevia sempre dizia: "Estou trabalhando muito"; "Estou indo para o trabalho"; "Estou no intervalo do trabalho"; "Tenho 25 anos de trabalho com carteira assinada". Que maravilha, você venceu! Era isso que buscava ouvir de mim? Te dou, mas saiba que se eu tivesse ficado contigo teríamos nos divorciado também, pois não aguentaria seu ego e sua necessidade de reconhecimento passando por cima de mim.

bell hooks, em *We real cool: black men and masculinity*, diz que os homens negros, dentro dessa cultura patriarcal supremacista branca, sentem desde muito cedo que não são amados e que, desmoralizados, tentam se afirmar através da aquisição de bens e empregos de modo que possam se sentir valorizados. Isso os homens brancos também fazem, mas não para compensar a exclusão, mas porque é meta "vencer na vida". Já os homens negros almejarem isso e nos quererem como suporte para as suas conquistas, dói muito. Dói porque nós amamos enquanto nos usam e na primeira oportunidade nos dispensam, quando não nos quebram primeiro.

Quando você me mandou aquele *folder* com a chamada em inglês de uma palestra que ministraria sobre questões raciais, chamei-lhe a atenção para isso, para o fato de nós, colonizados, nos afirmarmos sempre com os instrumentos dos que nos colonizaram. Acho que você sentiu novamente como um descaso às suas conquistas quando, na verdade, eu estava somente problematizando o seu papel, enquanto intelectual, na manutenção dessa ordem. Inglês não é língua para divulgarmos os nossos pensamentos quando o público são os nossos.

Nós nunca falamos, nesses anos todos, da situação política ao nosso redor, dos medos, inseguranças e desse nosso lugar à margem. Esbarro em um muro que não consegue ouvir ou ver para além de si mesmo. Maldade sua? Claro que não. Acho que para os homens, o reconhecimento passa através do trabalho, da carreira, dos bens que conquistou e da imagem que criam para a sociedade e isso é bem mais marcante do que para grande parte das mulheres. Nós, mulheres negras, acostumamo-nos mais facilmente à nossa insignificância e invisibilidade, assim como aprendemos a ofuscar nossa luz, nossos pensamentos e criatividade para que os homens sobressaiam. Nunca fui até você dizer que falo inglês, italiano, francês, que comprei carro ou para pedir-lhe aplausos. O que eu queria nesses anos todos era uma comunicação profunda, onde você pudesse se despir para vir ao meu encontro, sem defesas, sem acusações e sem ensinar-me o tempo todo, disposto também a aprender e a escutar. Como desejei ouvir ou ler sobre as barreiras que você encontrou pelo caminho pelo fato de ser um homem negro, com deficiência física e favelado.

Como mulher à margem da sociedade, essa condição possibilitou-me ângulos de visão privilegiados, até mesmo para olhar nossos homens negros. Olha, não tenho desejos mais "nobres" que os seus, quero dinheiro, carreira, reconhecimento, mas não abro mão de uma vida onde eu possa ter contato com os meus desejos mais profundos, exercer minha criatividade, ter meu espaço e não preciso provar nada a ninguém. Quero conversas profundas e você me joga na cara seu carro, sua casa, sua família, seu trabalho, suas conquistas? Não tenho carro, casa, trabalho reconhecido, como deveria me sentir? Não tenho inveja de você, não mesmo. Senti uma vez, confesso, e não foi pela apresentação da sua vida burguesa, foi quando você me escreveu na África do Sul dizendo que tinha ido com sua esposa ao hospital levar seu filho doente. Tive inveja do companheirismo de vocês dois em dividir a luta do dia a dia. Quero lhe dizer que não desqualifico suas conquistas quando não te parabenizo, se é isso que você busca em mim toda vez que chega e sai de cena, mas eu também não vou colocá-lo no pedestal e aceitar as migalhas que me oferece durante esses anos todos, pondo seu desejo no centro de tudo e saindo batendo a porta quando não conseguia o que queria.

Depois de um grande intervalo, escrevi-lhe em 2018:

> "Olá,
> Sou eu, seu fantasma. Queria lhe perguntar se você conhece Frantz Fanon e se o utilizou em sua tese. Eu o conheci durante meu mestrado na Itália (*Os condenados da terra*), depois o li no Brasil (*Pele negra, máscaras brancas*) e agora estou relendo novamente para minha pesquisa. Lembrei-me de você em alguns pontos. Posso dizer que é uma das leituras que me transformou. O irmão de Fanon dizia que seus amigos o viam como um homem 'raivoso por dentro e por fora'. Bom, se você leu, gostaria de saber o que lhe causou. Se não leu, eu tenho um deles em PDF.
> Deixa de ser chato e pode falar comigo.
> Tchau."

Sua resposta foi:

"Olá, meu amor!
Não li! Em que aspectos esta leitura transformou-lhe? Fiquei curioso!!! Não tenho lido nada, há anos! Não é por opção! Falta de sentido! Tenho buscado outras coisas...
Abraços!"

Eu, novamente:

"Você não pode de jeito nenhum passar por essa vida sem ler Fanon. Só lhe contarei depois que você ler. *Os condenados da terra* foi o primeiro que li. Chorei muito. O segundo também é bem forte. Pode ser que não tenha o mesmo impacto em você, mas todo intelectual negro precisa conhecer Fanon. Não deixo você morrer sem isso. É inadmissível! A leitura é prazerosa, garanto. Dá para ler entre uma coisa e outra. Mas eu fiquei curiosa. Tá correndo atrás do quê, o que lhe impede de ler? Ler para mim não é opção, é sobrevivência."

Alguns dias depois, continuei:

"Ahhh, espero que você não tenha se transformado num 'técnico do saber' (expressão de Sartre). Conheci você inquieto, curioso, filósofo (embora muito chato)... Lembro-me que você me indicou *Olga* para ler, 'A letra escarlate', 'Em nome de Deus'... Para mim, que tinha 17 anos, era o máximo gostar de alguém assim. Sei que teve que construir sua estabilidade, correr atrás das coisas, família... Mas... teria perdido muito deixando de lado aquele lado..."

E, no dia 12 de setembro de 2018, você me escreveu:

"Ei! LEMBRANÇAS!!!
Não quero ler Fanon! Quero você! Você! Adoro ler! Mas, ler você! Gostaria de ler muito mais, e mais, você! Aí sim,

tenho curiosidade, fico inquieto, super incomodado. Vejo uma escuridão na minha frente, e também dentro de mim, na minha história, no passado e quiçá no futuro, misteriosa e desconhecida! É você!
O corpo é um mapa, cheio de encantos e sensibilidades, que um dia senti, toquei, marquei....
A alma, que alma! Inquieta e insegura!
Com asas fortes, mas incerta do destino!
Gigante, mas pouco feliz! Buscando... é você... *é* você em mim...
!!! Encanto!!!"

Respondi assim:

"Obrigada pelas palavras. Não tenho essa linguagem poética que você tem. Linda! Mando-lhe uma música. Vamos nos ler. Vai chegar o momento para isso. Tem que chegar! Mas, enquanto não chega, leia Fanon. Rsrsrs.
Bjs"

A música que foi junto com essas palavras foi "Por que você não vem morar comigo?", de Chico César. Um mês depois lhe fiz uma proposta. Queria pelo menos uma parceria intelectual, mas nem isso.

"Bom dia.
Tudo bem? Espero que sim. Gostaria de lhe fazer uma proposta de 'parceria' acadêmica rsrs. É o seguinte: a universidade soltou uma chamada para organização de dossiê temático onde algumas pessoas juntam-se para propor um tema e receber artigos. Para tal, pelo menos um dos organizadores tem que ser aluno de pós-graduação da instituição, o grupo seria composto por outros profissionais mestres ou doutores de outras instituições e áreas. Conversando com uma colega de doutorado em Sociologia, decidimos organizar um grupo com o tema 'A construção social do ódio e as políticas de extermínios

contemporâneas' (o tema pode ser melhor articulado, essa seria a ideia principal). Chegamos a esse argumento porque ele trabalha as chacinas como política de Estado e eu trabalho, desde o mestrado, com a questão da construção do imigrante como causa de insegurança, inimigo externo, na Itália. Pensei em você para integrar o grupeto. Se você aceitar, estamos trabalhando na proposta num documento no Google drive e podemos incluir seu nome para construirmos a proposta juntos e partilhar dúvidas e sugestões. Eu e Camila já iniciamos. Ela, inclusive, deu uma última mexida no texto e acho que está ganhando forma. O que você acha? O prazo para propor é até novembro. Abraço."

Sua resposta:

"Olá, Bia!
Estou bem. Espero que você também esteja. Que bom ser lembrado por você! Tenho interesse sim, mas muitas limitações. Tenho trabalhado bastante e, com isso, falta tempo para pesquisa. Além das aulas, começarei a participar, na próxima semana, de um projeto. E, além disso, justamente neste mês de outubro estamos envolvidos na organização e mobilização da população de rua, que vem crescendo assustadoramente. Estamos organizando um Fórum da População de Rua que acontecerá no dia 20/10, e aí a agenda está cheia. Já estamos planejando também o 20 de novembro, Consciência negra. Dentro dessas condições, aceitaria sim o convite, mas consciente de que as contribuições provavelmente não seriam a contento de vocês. Caso considere, podemos deixar para a próxima. Principalmente se a proposta limita o número de pessoas, é interessante contar com alguém que teria mais tempo para dedicação ao trabalho. De qualquer forma, muito obrigado. Abraços."

Agradeci. Os meses se passaram e lhe mandei uma mensagem, talvez para tentar construir uma ponte, com a música

"Hello", da Adele. Foi ironia, mas você não poderia saber disso e respondeu:

> "Oi, Bia, sinto-te fragilizada."

Pensei: "Ele quer a todo custo levar-me para esse lugar da fragilidade. Incrível como ele sempre tentou me impor essa imagem, de que sou frágil tentando ser forte. Várias foram as vezes em que ele me disse isso". Eu tinha uns dezenove anos quando você me disse: "Você precisa de alguém para te proteger". Não tenho dúvidas de que precisei. Precisei na infância, precisei na adolescência, mas crescendo precisei de um parceiro, não de um protetor. Proteção é relação desigual. Talvez, para você seja o único jeito de criar vínculos com uma mulher, oferecendo-se como tutor, como o braço forte. É pesado também para o homem, mas deve ser prazeroso sentir que se tem o poder sobre alguém dessa forma. Não quero isso para a minha vida, não aceito ser colocada no lugar da mulher frágil e vulnerável como você sempre tentou fazer para sentir-se bem no papel de homem. Eu sou frágil, mas não como você me vê. Quero ser respeitada por você e por todos os outros e essa foi minha resposta:

> "Sim, muitas vezes sinto-me fragilizada."

Você, então, se prontificou em dizer:

> "Estou aqui no intervalo entre um turno e outro de aula, dei aulas de manhã.
> Eu te mando meu abraço forte, Bia."

Pelas suas palavras, minha "fragilidade" pouco importava, pois você estava muito mais preocupado em falar de você. Entendi que fora desse papel de protetor, conselheiro e homem trabalhador você só consegue ser hostil e que se eu me colocar como alguém que necessita de você, a coisa muda, você se mostra mais disponível e gentil. Em todos esses anos não instiguei o seu "instinto protetor" porque é mais uma necessidade sua. Minha postura foi outra e entendo somente agora suas idas e vindas, seus ataques de raiva, suas imposições de interpretação sobre mim. Acho que recusei isso a minha vida inteira porque a proteção de um homem remete à dominação e exploração. Cresci vendo mulheres "protegidas" e dominadas à minha volta. Você sumiu novamente.

Lyon, 12 de janeiro de 2020.

Olá.

Sonhei que estava com você num barraco. Não lembro mais dos detalhes, pena não ter anotado. O sonho mexeu comigo, porque casa mexe comigo. Fomos interrompidos pela minha tia e demorei alguns dias para ficar bem.

No início de outono de 2019, já aqui na França, recebi este e-mail seu:

"Oi, Bia, desejei ter notícias suas. Você está bem?"

É a mesma frase que recebo há anos: "eu desejo". Eu, eu, eu, eu... Quando eu quis vê-lo, você disse que não queria porque estava bem. Aliás, pergunto-me por que mantive a porta aberta ao longo desses mais de vinte anos. Você entra e sai, às vezes entra, fere e vai embora. Anos atrás, você me escreveu quando eu já estava de volta ao Brasil e jogou-me um monte de frustrações às quais chamava de crise da meia-idade. Eu não era obrigada a dar conta de você. Qualquer coisa que eu lhe escrevia você reagia na defensiva. Acho que você não conhece outro modo de se relacionar com uma mulher senão ensinando-a. Como recuso esse papel e você tenta me colocar nele, a comunicação não flui. Vendo que não carrego nenhum sentimento de culpa pelo fim da nossa história e pelo rumo das nossas vidas, você me respondeu dizendo que eu era agressiva. Mandei-o para o inferno pela primeira vez e coloquei fim nas agressões verbais. Enviei-lhe também a poesia "O poço", de Pablo Neruda.

"Cais, às vezes, afundas
em teu fosso de silêncio,
em teu abismo de orgulhosa cólera,
e mal consegues
voltar, trazendo restos
do que achaste
pelas profunduras da tua existência.

Meu amor, o que encontras
em teu poço fechado?
Algas, pântanos, rochas?
O que vês, de olhos cegos,
rancorosa e ferida?

Não acharás, amor,
no poço em que cais
o que na altura guardo para ti:
um ramo de jasmins todo orvalhado,
um beijo mais profundo que esse abismo.

Não me temas, não caias
de novo em teu rancor.
Sacode a minha palavra que te veio ferir
e deixa que ela voe pela janela aberta.
Ela voltará a ferir-me
sem que tu a dirijas,
porque foi carregada com um instante duro
e esse instante será desarmado em meu peito.
Radiosa me sorri
se minha boca fere.
Não sou um pastor doce
como em contos de fadas,
mas um lenhador que comparte contigo
terras, vento e espinhos das montanhas.

> Dá-me amor, me sorri
> e me ajuda a ser bom.
> Não te firas em mim, seria inútil,
> não me firas a mim porque te feres."

Você voltou semanas depois pedindo desculpas e dizendo que havia se ferido ao tentar me ferir. A desculpa não foi por ter me ferido, mas porque você se feriu junto. Aceitei o pedido de desculpas e você sumiu novamente. Uns três anos atrás eu disse que ia até Minas e queria vê-lo, você respondeu:

> "Não quero te ver. Eu estou bem agora."

Numa manhã de sábado de outono, aqui na França, onde vim em busca de suporte e Estado Social, pois estava completamente sozinha na sociedade brasileira, que abandona mulheres negras à própria sorte e as culpa em seguida pelo degrado da sociedade, recebi seu e-mail:

> "Oi, Bia.
> Desejei ter notícias suas. Tudo bem com você e sua família? Está no Brasil ou voltou para a Europa?"

Não sei como você soube que eu não estava mais no Brasil, e respondi:

> "Oi. Eu sei que você deseja ter notícias minhas de vez em quando. Estou sempre disponível. O problema é que quando desejo ter notícias tuas, nem sempre você atende. Sutilezas do patriarcado."

Você me mandou algumas carinhas de vergonha e tristeza. Pediu desculpas e disse que iria escrever mais vezes. Eu nem havia pedido isso, só apontei o fato de você sumir e, nas vezes em que o procurei, ter sido extremamente hostil. Para encerrar a conversa, acrescentou:

"Mas você não me respondeu se está bem!"

Respondi:

"Difícil estar bem diante de tudo o que está acontecendo. Não sou adepta de *coach*, autoajuda e não faço mais terapia, não tenho religião e nem um Deus, e isso torna as coisas bem mais desesperadoras. Sim, moro na França.
Abraços."

Você calou-se por alguns dias, até voltar com toda a fúria que um homem mal resolvido pode ter e despejou sobre mim coisas que não são minhas e ainda "bateu os pés" dizendo que sim. Esse meu email foi a gota d'água para a sua explosão de machismo e manifestação despudorada de poder.

"Olá,
Ontem, à noite, lembrei muito de ti. Fui a uma turnê do Criolo que passou aqui pela cidade de Lyon. Que homem! Que homem! Além de ser lindo, ele trouxe-me lembranças. Cantou muito a favela, o extermínio da população negra, a violência policial, o salário de professor... Lembrei-me, sobretudo, do nosso 'início'. Não tínhamos sequer um lugar para a primeira relação sexual. E olha que desejei muito que fosse com você. Essa noite sonhei. Aliás, de vez em quando sonho contigo. Meu inconsciente deixando sair o que joguei no 'porão'. Estávamos num quarto com outras pessoas dormindo, mas dividíamos a mesma cama. Interessante porque nunca conseguíamos terminar o sexo. Uma hora a pessoa da cama ao lado se mexeu, outra hora a porta se abriu. Mas foi bom no sonho sentir seu corpo. Acho que misturei o seu com o do Criolo. Meses atrás, quando cheguei aqui, também sonhei. Estávamos juntos

num barraco e fomos interrompidos por minha tia. Bom, escrevo textão e você não passa de duas linhas, uma delas para perguntar algo e a segunda para falar que tem muito trabalho. Fico até cansada por você, sabia? É igual quando leio Kafka. Os personagens dele estão sempre tão no limite do cansaço físico que quando termino um livro dele estou extremamente cansada também. Sei que você trabalha demais. Sei que conseguiu conquistar muitas coisas, sei que está bem 'integrado' na sociedade de classes agora. Só sei que aquele filósofo que amei um dia ficou pelo caminho, cheio de perguntas e poucas respostas. Não queria que tivesse virado um 'técnico do saber prático', queria você filósofo sempre, refiro-me a um texto de Sartre sobre o que é um intelectual. Enfim, era só para partilhar a noite de ontem. Não tive orgasmo no sonho, que pena! Abraço."

Deixo uma canção que ele cantou ontem enquanto a plateia gritava "Ele não". Sua resposta:

"Interessante, mas quero falar de outras coisas! Se quer, vou expressar-me! Hoje de manhã, lembrei-me de ti... Saí para fazer uma caminhada e, a última rua que me leva até em casa, foi pensando em você... Novamente pensei ontem, antes de ontem, há três dias atrás (...). Aliás, tenho lembrado de você desde o último diálogo, pelo Whatsapp. Foi um diálogo curto, mas que me incomodou, que me afetou consideravelmente. Vou lhe dizer o porquê... Mais uma vez, senti-me descartado. Isto não é novidade, né! Rsrsrsrs. Você conseguiu, com poucas palavras, mais uma vez em milésimas, dizer: 'vá, vá cuidar de sua vidinha!'. Foi arrogante, indelicada, soberba, prepotente... Sim, tudo isto... 'A mulher que se basta!' Mas, tenho dúvidas se é isto... talvez na sua consciência, na sua vontade. Não sei o que quer esconder; não sei o que sempre quis esconder... Você também não sabe... és muito inteligente, mas aí está o seu limite! Se você tem saudades daquele jovem que filosofava, tenho saudades daquela jovem sonhadora, que vivia para além do seu umbigo, que desejava solidariedade, cooperação, justiça etc., que demonstrava as angústias no olhar, que era irônica no sorriso, que tinha uma inteligência autêntica, que vinha de dentro, que tinha muita cognição, mas também sensibilidade. Não sei, Bia, porque ainda insistimos em contactar um com o outro. Não sei por que ainda continuo sendo tocado por você. Às vezes, penso que não temos a dimensão exata do quanto nossa convivência nos marcou, do que representamos um para o outro; não sei se isto explicaria um pouco do que permanece; não sei o que permanece... Talvez apenas um reencontro ajudaria a explicar. Mas... Mais uma vez, peço desculpas pelo meu patriarcalismo, pelo meu machismo, pela minha ignorância... Se queres, não vou lhe incomodar mais. Pelo menos até meu próximo sentimento de saudades de você. Abraços."

Esse e-mail irritou-me sobremaneira. Não consigo conversar com você. Estava falando de uma coisa e você, arbitrariamente, vira o foco para se colocar ao centro de novo com a frase: "Interessante, mas quero falar de outra coisa". É sempre o que você quer, sempre no seu tempo, sempre o seu desejo, e ainda tenta me manipular para que eu me encaixe no que você quer. Isso é violência! Revidei:

"Essa não vou deixar passar. Respondo-lhe para não perder o calor da emoção e da minha impetuosidade. Sobre sábado, você se sentiu assim, mas não foi assim. Eu só quis dizer que sempre que você diz querer ou desejar notícias minhas eu sou bem disponível. Mas, nas vezes em que tentei contato você respondeu 'estou bem agora'. Acho que o fato de ter se sentido 'dispensado' foi o motivo dos nossos desencontros na vida. Nunca o dispensei. Acho que você não conseguiu me ler, nem sábado e nem há vinte anos atrás. Seu orgulho ferido tentou ferir-me por se sentir assim. Não sei por que você insiste que eu escondo algo. Numa altura dessas da vida, ainda temos algo para esconder? Não sei qual 'confissão' você sempre quis arrancar de mim. Eu sempre estive 'por aqui', posso lhe responder sempre que quiser saber algo de mim. Eu não me basto, talvez tenha faltado vivência comigo para não falar assim. Todo o resto é projeção. Viu, olha só sua frase 'até meu próximo sentimento de saudade'. O SEU sentimento. É disso que falava sábado. E o meu? Estarás aí quando eu sentir saudades de você? Estará disponível ou vai falar o quanto você trabalha demais? Para ter ideia, nunca consegui passar pela BR e olhar aquele ponto de ônibus na entrada do Riacho sem sentir dor. Evito passar ali. Tem muita coisa que não sabemos e nem precisamos. Talvez aquilo que sabemos é que nossa comunicação é muito delicada. Nunca sabemos quando algo toca na ferida do outro. Abraços e estarei aqui na próxima saudade."

Enviei uma segunda mensagem dias depois:

"Ahh, li a palavra reencontro? Hmmm, interessante para quem não queria me ver mais. Rsrs Irei ao Brasil ano que vem, de 4 de julho a 21 de agosto. Não ficarei em BH, mas posso ir até aí. Meu pai faleceu em fevereiro. Sempre achei que o que ainda me fazia ir aí era isso. Bom, mas você tem quase um ano para se preparar psicologicamente.
Abraço de novo."

E mandei uma terceira:

"Perdoa-me o terceiro e-mail, mas não resisto e nem economizo mais palavras. Olha como ressoou dentro de você minhas palavras de sábado, 'vá, vá cuidar da sua vidinha'. Veja bem, e com toda a sensibilidade e cuidado que tenho por você e nossa história, você se sentiu incomodado por ter pensado que sua vida é uma 'vidinha' e a minha não? Nunca quis comparar nossas vidas e trajetórias, não tenho ideia de como é a sua vida, não mesmo. Você também não tem ideia da minha. De fora, a minha pode parecer interessante, mas 'cada um sabe a dor e a delícia de ser o que é'. A minha partida tocou-lhe muito porque você 'ficou'. Anos atrás você me escreveu e disse mais ou menos assim: 'Bia, teria uma possibilidade de fazer o doutorado sanduíche nos EUA, mas família prende a gente, né?'. Pensei e nunca lhe disse: 'Ele também queria ter ido e ficou, senão não teria me contado isso'. Acolhi dentro de mim e nem lembro se lhe respondi. Mas, você ficou e está casado há quase vinte anos e, com certeza, isso não é para qualquer um. São escolhas. Perdi indo embora. Você nem imagina como foi deixar um pedaço de mim em cada lugar por onde passei e adicionar tantos outros. Acho que poucas pessoas me reconhecem nas minhas andanças. É uma mistura de saudade, solidão, uma riqueza imensurável poder olhar as coisas por diversos ângulos, culturas, valores. Encontrei tanta gente incrível e tanta canalhice também. Por isso, volte algumas casas e se puder releia minha mensagem de sábado e retire a parte da 'vidinha'. Não tem vida, vidinha ou vidão. Cada um construiu seu tesouro a modo seu.

Abraço de novo e prometo que agora chega."

Você, aquele que busca em mim sensibilidade, reconhecimento e não sei mais o quê, respondeu:

"Você é ótima, Bia! A 'supermulher' que agora vê o mundo de 'diversos ângulos, culturas e valores'; a 'supermulher' que agora conhece a 'virtude e a também a canalhice das pessoas'. O que fazer com isso, Bia? Se vangloriar? Tomar como sentido de sua vida? Como patamar para ver as pessoas de cima? Ah, menina, desça daí para conversar comigo! Você está mais chata do que imaginei. Agora chega mesmo!"

Devolvi-lhe enfurecida, levando em conta os anos em que a porta estivera aberta e você entrou e saiu por ela sempre que quis. Acolhi todas as vezes que você voltou. Talvez eu não devesse mesmo ter falado de canalhice, logo para um homem negro, favelado e com deficiência física. Não tenho nada a lhe ensinar sobre isso, não tenho mesmo. Quis dizer, usando o mesmo sentido das palavras de um cantor e compositor italiano, Ivano Fossati, "(...) faz meia hora que estou aqui irritado dentro de uma sala de espera de um trem que não vem. Não tenha ciúmes de mim, não tenha ciúmes de mim e da minha vida". Mas, como lhe dizer que sou um pouco de Belchior, Fossati, Guccini, Mercedes Sosa, Edith Piaf, Nina Simone, sem parecer-te prepotente? Não, não consigo expressar-me no seu ritmo, no seu passo e dentro dos códigos que o constituem se você não vem ao meu encontro para tentar entender também. Não sou eu que devo "descer", meu querido ex-amor. Não desço mais para ninguém, tampouco para um homem para que este se sinta "mais alto". Se você se sente curvado diante de mim, o problema não sou eu. Não deixarei que me definam e digam em qual posição devo falar, a forma e o tom da minha voz. Chega!

    Sabe do que me lembro? Uma vez, na África do Sul, escrevi-lhe contando uma história banal sobre uma menina de quem cuidava num hospital. Você respondeu dizendo que eu queria aparecer e, como exemplo de sua vida "de verdade", contou outra história. Você não tem o poder de definir minha vida, nem deveria medi-la com a sua o tempo todo. Na sua cabeça, o que você fala é profundo, sincero, trabalho duro, como se estivéssemos numa competição. Isso só escancara seu machismo e como você, apesar de "bem-sucedido", se sente ainda pequeno. Então, faça o favor de guardar a tal da sua saudade para aplicar em alguém que não te questione e te deixe na zona de conforto. Comigo não tem conforto, porque não sustento imagem de homem e muito menos se o preço a pagar é aceitar as coisas mal resolvidas que você vem arrastando e não encara porque os seus títulos têm ofuscado seus desejos, ou simplesmente porque existe um gozo em querer controlar e dominar minha vida. Se não de fato, pelo menos tentando me submeter aos seus caprichos masculinos. Vá e volte para a "vidinha" que você considera como tal. A minha é Vida, sem diminutivos ou aumentativos, como substantivo próprio, com letra maiúscula. Vá para o inferno!

Depois do meu último e-mail, o machismo que habita em você tentou desqualificar a feminista que habita em mim com as seguintes palavras:

"Fofa demais! Beijos."

Devolvi:

"Quando o macho tenta desqualificar o discurso de uma mulher a linguagem é: chata, fofa, desce daí... Não tem um grupo de desconstrução de masculinidade tóxica por aí? E eu achando que o professor universitário já tinha superado o nível básico e assimilado algumas proposições feministas.
Que decepção..."

Você, que provavelmente me quis no lugar daquela sensível, respondeu batendo a porta:

"Adoro isso! Obrigado."

E se foi novamente. Essa coisa de você tentar me atacar, talvez por não ter superado minha partida, talvez porque eu fui e você ficou, talvez porque não suporta o fato de que escolhi a mim mesma, acho que entendo, mas a violência gratuita, o desejo de exercer poder a qualquer preço, isso não. Quem fica, cria uma imagem de um mundo colorido sobre quem vai. Em alguns casos pode jogar para cima do outro todas as frustrações de uma vida que se acredita ter ficado parada e no mesmo lugar. Lembro-me do primeiro ano de convento quando voltei de férias para ver minha família depois de seis meses, tinha comigo uma agenda escolar com horários de escola e de encontros dentro da congregação: estudos, visitas, meditações... Ao entrar no quarto, na casa do meu pai, vi minha irmã folheando minha agenda aos prantos e, ao me ver, ela se virou para mim com um olhar que nunca esqueci e pronunciou as seguintes palavras: "Sua vida está tão diferente da minha". Percebi inveja no olhar e em nenhum momento ela quis saber da minha solidão, das minhas dificuldades, mas uma agenda cheia de compromissos era motivo para deduzir que minha vida se tornara melhor que a dela. Desde então, comecei a ser mais atenta aos ataques de inveja e ciúmes das minhas duas irmãs, a ponto de irem até a casa de amigos para tentarem destruir os vínculos que eu havia conseguido construir, mas elas não. Em certa ocasião, até telefonaram para uma das freiras para dizer que eu não tinha vocação e que me mandassem embora.

Conviver com essa raiva vinda dos meus ao longo dos anos não foi fácil. Outra vez, já fora do convento, novamente uma das minhas irmãs derramou suas frustrações em mim: "Mas você foi embora, não ficou aqui com a gente". Como se ter ido fosse uma ofensa. Foi a melhor coisa que fiz para mim, a mais assertiva de todas. Você culpou-me, anos atrás, quando me disse que eu vivia fugindo; que eu parecia forte, mas no fundo estava escondendo algo. Você interpreta a minha ida para o convento como um gesto de fraqueza, para mim foi um grande ato de coragem, assim como ter saído também. Não lhe peço para entender isso, mas não aceito mais que me diga o que teria sido o certo para mim. Como ficar e constituir família com você? Fui corajosa: peguei minha vida, pus na mochila e me mandei. Não havia nada para mim aí antes e também não há agora.

    Você sempre fala que estou escondendo algo. Esse é seu problema, o problema de não me deixar ser eu mesma, pois a partir do momento em que você insiste que eu deveria confessar algo que você já estabeleceu o que é, você exerce violência. Na sua cabeça, o que eu deveria confessar? Que eu me arrependo de tê-lo deixado para encontrar a mim mesma? De não ter suportado ao seu lado a dureza da vida? Tenho minhas dúvidas se eu teria a mesma acolhida que você sempre teve comigo. A sensação que tenho é de que você precisou construir seu espaço no mundo para existir e ser reconhecido, mas passou por cima de muita coisa e de muitas mulheres. Foi duro, eu sei que foi, mas acho que você, enquanto construía seu trabalho e sua carreira, sequer teria notado que eu precisava reconstruir minha "casa" e ressignificar minha história.

    Escrevi-lhe em um dos e-mails contando que o meu pai faleceu e eu, aqui na França, sequer pude enterrá-lo, você o conheceu, mas nenhuma palavra a respeito. Acho que teria sido profundamente solitária ao seu lado, pois ainda hoje você não ouve, somente projeta em mim a mulher da sua cabeça, e essa deveria precisar de você e ser frágil para você conseguir alcançá-la. Esta frase, "desce daí", mostra que no seu entender o lugar que eu deveria ocupar é esse, abaixo de você. Fora disso você não existe como homem? É machismo! É patriarcado, sim!

Lyon, 20 de janeiro de 2020.

Olá.
Esse mês celebraria a data do meu casamento e sinto-me mais forte que nunca depois do divórcio. Acho que algo se rompeu dentro de mim para minha maior liberdade, consciência e emancipação. Hoje quero lhe falar sobre esse "desce daí".

No seu único e-mail em que falou da família e um pouco da vida privada, você diz que sua esposa e seus filhos te suportam. Fico imaginando isso na vida prática: nós, mulheres, somos o suporte dos homens e os arrastamos vida afora, cansadas e corcundas. As pobres e negras, por sua vez, não têm ninguém que as suportem no mundo, e se partem ao meio ou em vários pedaços que ficam pelo caminho, levam um peso que não é delas e sequer sabem que podem jogar tudo para o alto e dizer "chega". No fundo, você também me quis como suporte, mais um, e que eu me encolhesse para você se expandir. Sua esposa é feliz ao seu lado? Você é suporte para ela ou somente um sangue-suga?

Um tempo depois do seu último e-mail, escrevi:

> "Não tenho paz desde o último e-mail. Tem coisas que doem e nem sei achar uma palavra. Não quero que me responda se for para adicionar mais dor, se suas palavras vêm armadas. Só queria que soubesse que doeu aqui. Às vezes, acho que o único lugar onde você quer que eu esteja é nesse da dor e do arrependimento. Criei formas de conviver com o passado. Não

tente derrubar isso. Não precisamos disso. Se tiver tempo, escute a música 'As palavras', de Vanessa da Mata. Abraço-te e se não tiver braços do outro lado para acolher, abraço-te por trás."

Ansiosa por uma sua resposta, recebi-a no final do dia:

"Olá, Bia!
Obrigado pela mensagem! Quero respondê-la e vou tentar não adicionar mais dor! Sei que doeu! Foi minha intenção! Muito violenta! Diferente de você, eu não consegui formas de conviver com o passado. Algo ainda não resolvido e que também dói. 'Eu vou conseguir também!' Enfim, tentarei deixar você em paz. Não devo, nem tenho o direito de tentar destruir o que já construiu! Sei que não preciso disto. Ouvi a música. Obrigado! Abraço-te e se não tiver braços do outro lado para acolher, abraço-te por trás."

Lyon, 11 de janeiro de 2020.

Olá.

Você admitiu ser violento e o pior de tudo: que foi intencional. Enquanto você me pede para "descer", deixa eu te falar um pouco sobre algumas violências que sofri convivendo com a classe média. Você diz isso a mim, mulher negra e periférica, mas teria coragem de dizer o mesmo para a branquitude brasileira? Eu não vou "descer" para você, pois abaixo e no chão é onde quiseram-me a vida toda. Dentro da minha classe social, entre os meus iguais, com violência, tentaram me "derrubar", fora dela também. Agora vou lhe dizer como tentaram me fazer descer quando convivia com a classe média branca em São Paulo.

Como mulher negra, lutar com o mundo é cansativo, mas lutar nas relações mais próximas é ainda mais. Se na Itália eu era um ser exótico e minha juventude tinha valor para meu marido, no Brasil já não havia nada em mim que ele pudesse mobilizar para obter reconhecimento da sociedade racista, classista e machista. Na primeira festa da empresa, sua preocupação com minha aparência perturbou-me e ele chegou a dizer que não iria comigo com aquele cabelo se eu não desse um jeito nele. Meus cabelos crespos nunca foram problema na Itália, porque a sociedade admirava. Nesse caso, pesou a configuração onde estávamos inseridos. No Brasil, todos os códigos mudaram e ele passou a ser o centro do universo. Quando chegamos na festa ele sequer olhou-me, nem segurou minha mão, deixando-me sozinha com aquela classe média branca racista. Seu chefe veio até mim e se apresentou da seguinte forma: "Minha esposa tem a sua cor". Achei tão desnecessário o comentário para duas pessoas que estavam se vendo pela primeira vez e de fato sua esposa era a única negra entre as mulheres dos gerentes da empresa até a minha chegada. A negritude naquela festa ficava na mesa do fundo, enquanto a branquitude, os gerentes, no centro. Ele era solicitado por todos, com uma adoração que eu sabia o motivo. Sentei-me numa mesa junto com a gerente de Recursos Humanos a convite dela e a primeira coisa que me disse foi: "Meu cabelo é igual ao seu, mas eu aliso". Fui tratada como um bicho exótico, enquanto ele, o rei.

Não me sentia à vontade nos lugares que frequentávamos e ele começou a dividir o mundo entre o feio e o bonito, o distinto e o popular. Fiquei do lado do popular e fui seguindo meu caminho, cada vez mais sozinha. Quando ele conseguiu abrir uma conta no Santander Select ninguém mais o segurou e desisti de acompanhá-lo em suas festas e encontros com os eleitos da sociedade, vivendo modestamente com minha bolsa de pesquisa entre casa e universidade. Eu estava nutrida, os livros, as aulas, a pesquisa me revigoraram.

As pessoas nos tratavam bem por causa dele, por ele ser italiano, à parte um vizinho racista que nunca escondeu seu ódio por eu sair pelo prédio falando italiano e usando o mesmo elevador que ele. Uma vez, enquanto eu descia de elevador com algumas malas, ele tentou entrar, mas não o cabia. Furioso, exigiu que eu saísse para lhe dar lugar. Como recusei, aquele homem colocou seu corpo para impedir que a porta se fechasse. Meu marido, vendo a cena, arrumou um jeito de escapar da situação, deixando-me sozinha com meu filho que chorava diante dos gritos do racista. Em outra ocasião, ao sair pelo portão e fechá-lo atrás de mim, esse mesmo homem seguiu-me pela rua dizendo que eu deveria tê-lo esperado passar. Ao revidar, ele soltou: "Olha a sua cor!". Foi o primeiro ataque racista escancarado que recebi na minha vida. Ao contar o ocorrido, as pessoas amenizaram dizendo tratar-se de um frustrado. E não parou por aí, ao passar por mim, outra vez, ele disse que sentia um mau cheiro no ar e dias depois soltou um: "Viva a diversidade!". Dessa última, com um celular na mão, o filmei, mas diante da câmera ele negou tudo, saindo pelo prédio se fazendo de vítima. Enquanto o Brasil era o paraíso para um italiano, para mim era o inferno. Jundiaí tem um racismo diferente daquele de outras cidades, não basta ostentar a branquitude, ela vem acompanhada da ostentação das origens italianas. Agora, imagine um italiano "de verdade", chegando ali?

Meu plano de saúde cobria os melhores hospitais de São Paulo, como o Albert Einstein e o Sírio Libanês. Eu frequentava as clínicas e consultórios particulares, provavelmente como única negra. Quantas vezes entrei nesses espaços e me deparei, já na sala de espera, com olhares de desprezo. Em uma consulta com um endocrinologista, eu vestia uma camiseta rosa com a escrita "Do not kiss me, but..." e o médico, que sequer me conhecia, soltou um: "Com uma camiseta dessas tem mesmo é que apanhar".

Em outro consultório, o médico neurologista, com minha ficha nas mãos, ao ver que eu era socióloga esbravejou contra quotas raciais, pois para ele esse país tinha virado racista depois delas. Ao tentar argumentar, ele impôs sua fala, voz e ideias absurdas. Saí de lá mais doente do que entrei. Tinha fortes dores de cabeças e dificuldades para dormir. Em mais um consultório, entrei com um livro da Angela Davis, *Mulheres, raça e classe*, e de forma muito inocente coloquei-o sobre a mesa do médico. Ao bater o olho nele, me disse: "Eu, na última encarnação, era um senhor de escravos. E era ruim, viu? Mas ruim mesmo, que eles piavam comigo".

Às vezes, para ter um pouco de sossego e ser tratada de forma mais respeitosa, falava italiano com meu filho nesses espaços, pois só assim a classe média branca, que facilmente se deixa ludibriar por tudo que é europeu, me deixava em paz e se interessava realmente pelo meu problema de saúde.

Não sou uma negra de pele retinta e por isso a branquitude sempre tentou me cooptar para defender seus privilégios, colocando-me contra os meus. Encontrei um bar de um italiano no centro da cidade chamado "Buongiorno", frequentado pela nata da sociedade jundiaiense para bajulá-lo. Diga-se de passagem, tratava-se de um homem extremamente ignorante, mas que virou rei no Brasil. Certa vez, ele disse para os clientes: "Negros são agressivos por natureza. Quando eu morava na Califórnia, peguei um metrô e na hora de descer tinha um negão na minha frente. Educadamente, toquei o ombro dele e pedi licença, mas ele olhou para mim com um ódio, mas um ódio!". Todos ali atentos, ouvindo aquela psicologia de boteco. Levantei-me e pus-me a falar: "Eles têm motivos para isso. Se eu tocar no ombro de um italiano no metrô, levo um tapa na cara". Juntei minha paciência para começar de 1400 até os dias atuais e falar como funciona a sociedade estadunidense. Quando terminei, ele replicou: "Você ainda está do lado deles?". Não sei por que ele pensou que eu pudesse estar do lado dele, assim como outras pessoas na cidade pensaram, como a dona do restaurante italiano que frequentávamos, que pelo simples fato de estar ali já me via como "um dos seus".

Achar-me parte deles não era para me incluir na ideia de que eu era gente, mas na ideia que eu deveria ser contra meu povo pobre, negro, ativista de Direitos Humanos e qualquer um que falasse de justiça social. A mulher do patrão do meu marido, que fingia não ser negra, era muito criticada pelas costas, inclusive nesse mesmo restaurante ouvi o seguinte comentário sobre ela: "Com aquela cara de pobre e casada com um homem bonito daquele!". O "homem bonito" era somente pelo fato de ser branco; a "cara de pobre", por ser negra. Agora pense no que falavam de mim na minha ausência! O mesmo discurso: "Desce, aqui não é seu lugar!".

Eram essas pessoas o modelo de gente bem-sucedida. Minha vida virou um inferno, pois quando ele voltava para casa o assunto era: "Conheci o melhor advogado da cidade"; "hoje corri com o vereador tal", "fulano foi para Nova York".

Olha, não sei se você está bem inserido na classe média da qual faz parte hoje, mas eu nunca estive. Estive nela, mas não pertencia a ela, tanto que o dia em que me divorciei tudo se transformou. Perdi o elemento que, segundo a sociedade, me agregava valor: o cônjuge italiano. A vida no prédio tornou-se um inferno quando fiquei sozinha com meu filho. O síndico inventou várias multas, uma delas dizendo que meu filho havia quebrado o para-choque de um carro na garagem sem apresentar provas, chegando com uma nota fiscal de mil reais do conserto. Me enviou também uma multa de setecentos reais porque eu havia colocado móveis na minha própria garagem. Ao questioná-lo sobre o valor, ele respondeu que era decisão do conselho administrativo. O proprietário do apartamento foi informado de que eu havia enviado meu filho para a Itália e pretendia fugir do prédio sem pagar o aluguel, quando, na verdade, meu filho tinha ido de férias para a casa dos avós. Recebi uma advertência por ter filmado o racista. Minhas correspondências não eram mais entregues no meu apartamento. Até que uma amiga da periferia me aconselhou a sair dali e ir para os bairros populares. Era isso o que eles queriam, que eu descesse, querido. Expulsar aquele corpo estranho dali era o pacto da branquitude, sobretudo quando descobriram que eu era apoiadora do Partido dos Trabalhadores (PT) num período da história em que isso era praticamente crime, suscetível a linchamento e até à morte. Não podia mais usar as áreas de lazer, pois o zelador escondia a chave a pedido do síndico. Esse zelador também apreendeu que meu corpo era para o usufruto, passando a assediar-me todas as vezes em que ia ao meu apartamento para algum conserto. Vendo que eu não era acessível para ele, certo dia me disse: "Sabe que para nós, aqui, passou das 18h já é escuro?", se referindo à minha negritude. Um zelador analfabeto, mas branco, estava jogando na minha cara a sua superioridade em relação a mim e reivindicando seu direito de usar-me. Deu para ter uma noção da violência que tive que enfrentar e ainda enfrento e como devo condenar veementemente suas palavras, custe o que custar?

No primeiro dia de escola do meu filho, a secretária, que havia feito a matrícula para o período matutino, ao chegar lá comunicou-me que o turno dele era vespertino. Eu precisava pegar ônibus para chegar ao trabalho e desabei em prantos, pedindo ajuda para a empregada doméstica da senhora que morava de frente. Essa mulher, negra como eu, escondeu-o na sua cozinha até que a babá chegasse. Para trabalhar, eu precisava deixar meu filho em casa, mas ele me ligava o tempo todo durante as aulas que eu ministrava em um colégio de classe média. Tentei pedir ajuda para as feministas burguesas que conhecia, mas elas estavam disponíveis apenas para os cafés com bolo que eu oferecia ou algum programa em bares. Aliás, muitas delas ainda me diziam que eu corria o risco de ser denunciada pelo conselho tutelar porque deixava meu filho sozinho.

O auge da minha luta diária e do meu estresse naquela cidade se deu quando meu computador parou de funcionar e levei a um técnico perto de casa. Depois de algumas semanas, ele disse que precisava trocar o HD. Demorou uns trinta dias para eu ter meu computador de volta e, ao chegar em casa, o mesmo problema persistia. Voltei ao técnico e ele se defendeu dizendo que seu fornecedor havia lhe vendido um produto com defeito e que trocaria a peça. Mais algumas semanas e recuperei o computador, mas o problema continou e retornei para exigir o dinheiro de volta. Ao levar em outro profissional, este verificou que o HD estava perfeito, bastaria uma limpeza no sistema. É desse mesmo computador que te escrevo após três anos do acontecimento.

Um dia, encontrei o primeiro técnico no supermercado e joguei-lhe na cara sua falta de honestidade ou incompetência. Para a minha surpresa, algumas meses mais tarde chegou-me uma intimação da justiça brasileira avisando-me de que ele havia me processado por danos morais e materiais, pedindo a quantia de 25 mil. A classe média branca e a elite brasileira usam e abusam da justiça como bem entendem, pois ela é ocupada por seus pares. Se tem gente que mama nas tetas do Estado e tem acesso ilimitado a ele, é a branquitude brasileira. Tive que pagar uma advogada, mulher feminista branca, que esperou até o último dia para enviar à justiça o que ela chamava de contestação e me apresentou os custos do seu trabalho, que somavam tres mil reais" sem que assim eu pudesse recorrer a outra.

Jundiaí não é cidade para uma mulher negra, periférica e que luta por justiça e igualdade social. Aliás, não sei se existe esse lugar no mundo. De todos os lados eu estava sendo lesada, atacada, foi então que decidi me mudar do condomínio e esse foi, para mim, um dos maiores momentos de dor. O homem que contratei para fazer a mudança, juntamente com a sua equipe, quebrou minha estante, alguns objetos e, sabendo que não daria mais para montá-la, deixou meus móveis todos na garagem do meu novo apartamento dizendo que voltaria mais tarde, mas desapareceu com metade do dinheiro que lhe havia dado. Foi ali, sentada em cima das caixas, com minha primeira multa no novo prédio por não saber o que fazer e a quem chamar para subir minhas coisas, com meu filho que me olhava perdido, que decidi deixar novamente o Brasil e tentar a vida na França. Parti em busca de suporte, do pai do meu filho e do Estado Social, pois como diz muito bem Judith Butler, um corpo é o que o suporta, seu valor ou não valor é dado pelo que está fora dele. Eu sabia que em qualquer lugar seria negra, mas em alguns, onde o Estado ainda se coloca como esse poder impessoal, mas presente na vida das pessoas, eu seria aliviada do peso que carrego na vida, sobretudo com um filho pequeno.

E você ainda aparece dizendo que sua violência foi intencional? Como você tem coragem? Estou tentando libertar-me dela a vida inteira e ouvir de alguém que amei e nutro grande admiração que me violenta intencionalmente? Não posso aceitar e minimizar suas palavras. Saiba que há outras formas de se relacionar, como nos amar e nos respeitar. O único caminho não pode ser a destruição de nossos iguais. "Subi", como você disse, até aqui e não foi para viver confortavelmente no meu mundinho, foi para dizer, a você, à minha família e aos nossos iguais, que não podemos aceitar a violência como única forma de nos tratar. Enquanto os nossos nos violentam, a burguesia é coesa, se protege, protege seus membros.

Você pode tomar essas minhas palavras como um convite para instaurarmos relações novas e para nos curar ou como sinal de prepotência e arrogância, afinal, mulher negra que sou, eu deveria somente "descer", não é mesmo?

Lyon, 1 de outubro de 2020.

Olá.

Finalmente chegou o momento de me despedir de você depois de quase 25 anos. Achei que tinha feito isso ao entrar para o noviciado, mas não havia me libertado das projeções que fiz e da imagem sua que levei comigo e idealizei. Agora não são somente as circunstâncias que me impõem uma decisão, sou eu quem, depois de todos esses anos, entendi que não o reconheço e talvez o fato de nunca termos convivido fez com que me agarrasse a uma ideia sobre você. Não digo que me arrependo de tê-la cultivado, essa ilusão salvou-me de muitos momentos duros, pois a ela pude recorrer várias vezes. Foi útil como ilusão, mas, como um véu que se rasga, nesse último ano, entendi muitas coisas. Passei da sensação de tremor toda vez que recebia notícias suas e de sonhos que me revelavam medos e coisas mal resolvidas que ficaram pelo caminho a uma maior clareza de onde estou e onde você está. Reafirmo que fiz a escolha certa com os instrumentos que tive nas mãos. Sigo sem culpa, sigo livre e mais forte. Não conseguiram me quebrar e, contra a força da gravidade que meu corpo evoca, recusei "descer" para o gozo da masculinidade e da branquitude. Não te dei o direito de gozar com a minha vida, com a minha história e com a mulher que me tornei.

Quando comecei a lhe escrever, olhando pela janela do meu apartamento no sétimo andar na cidade de Lyon, era verão.

Agora é outono. Atravessei estações contando-lhe sobre mim e, tanto fora quanto dentro de minha alma as estações da natureza e aquelas interiores coincidiram-se. Venta muito lá fora e venta demasiadamente aqui dentro. Sinto-me arejada. A sensação é de uma vida intensa, de lutas, derrotas e recomeços, que me tornou a mulher que sou hoje. Defendi meu doutorado, se lhe interessa saber. Consegui!

Sinto-me cansada, mas nada comparado ao gosto de se ter, de se sentir e de se permitir tudo isso. Aprendi com dor a impor-me para não ser engolida. Pode ler tudo isso como raiva, agressividade, não me importa, pois não preciso mais pedir permissão para viver. Não preciso me calar para sobreviver e quem me restituiu a mim mesma foram mulheres feministas, negras sobretudo, que antes de mim romperam o silêncio, as algemas e ousaram mostrar como nossas vidas não são somente histórias individuais, mas sociais.

Teria morrido de culpa no convento se tivesse ficado, achando que precisava de mais fé ou reforçar meus laços com Deus. O mesmo Deus patriarca e opressor que permite que mulheres vivam sob o jugo dos homens. Às vezes, acordo com nostalgia da época em que acreditava Nele e que Ele estava no comando. Esse lugar ficou vazio e deixei que ficasse, é nele que brotam pensamentos que eu ainda não havia pensado. Esse lugar não tem nome, não tem imagem, é a minha condição de mulher negra no mundo. Acolho minha história, acolho minha dor, acolho o que não foi e todos os sonhos que nunca se realizaram, acolho a minha busca por casa e essa pesa menos, isso sim.

Mantive você na minha vida, mesmo que não fizesse tanto sentido, para não perder o fio da minha história, para ter a sensação de continuidade, mas ignorei o estranhamento que sentia na tentativa de estabelecer uma relação horizontal, respeitosa e de cuidado.

Esses dias lembrei-me do meu pai. Quando ingressei na universidade, ele dizia para todo mundo do bairro que eu falava duas línguas. Quando ingressei no mestrado, ele dizia que eu falava até japonês e chinês e espalhou isso a ponto de uma senhora, que trabalhava na casa lotérica do seu bairro, ligar-me na Itália para saber se eu existia de verdade. Também dizia na periferia que eu era um "mito" e todos do estabelecimento queriam saber quem era essa filha. Tive que pedir a minha irmã para conversar com ele e convencê-lo a parar de dar meu número de telefone por aí. Por que ele fazia isso? Porque na sua cabeça, eu subi. Ele se orgulhava disso, de ter ido mais longe do que ele, do que meus avós, do que ele imaginava que fôssemos dignos. Fui a primeira geração de alfabetizados da família, tanto do lado da minha mãe quanto do meu pai, a primeira a entrar em uma universidade pública, a ter doutorado e a falar quatro línguas. Quando a geração dos meus pais era a primeira a ter carteira assinada e alguma noção de direitos. Conto isso para as pessoas de sessenta, setenta e oitenta anos aqui na Europa e elas não acreditam. Alguns meses atrás, conversando com uma prima, ela disse o seguinte: "Nossa, ninguém na família dava nada por você!". Essa frase mexeu comigo, pois numa conversa com minha irmã mais velha, anos atrás, ela disse mais ou menos a mesma coisa.

Para muitos dos meus, eu subi, e não foi economicamente não, pois ainda luto para sobreviver. Tampouco se trata de um lugar mais alto na pirâmide social, pois esse lugar não existe, é ilusão. Subi porque ressignifiquei não só o meu caminho, mas o de quem ficou, não entrando na dinâmica de destruição dos meus e de mim mesma. Muitos daqueles e daquelas que me atacaram, desistiram, pois conseguiram ver que é possível para nós, pobres e negros, construir relações diferentes e recusar as imagens que nos projetam diariamente.

Minha família não teve instrumentos e parâmetros novos para ressignificar a história da colonização, da escravização, da exploração pelo trabalho e pelo patriarcado. A experiência de destruir uns aos outros é tão marcante, através dos boicotes, da difamação, do abandono, da indiferença, do ressentimento, que violar uns aos outros era o modo mais familiar de existir. O cuidado e o autocuidado nunca foram perspectivas, muito menos o incentivo e a união.

Não consigo imaginar o que meus antepassados viveram na escravização, no extermínio indígena, a ponto de achar que violar o corpo e a alma uns dos outros era o único caminho a ser trilhado. Foram torturas das mais variadas, na frente dos filhos, das mulheres ou maridos, foram vendas, chibatadas, assassinatos, corpos decepados, dentes e olhos arrancados, crianças retiradas dos seios de suas mães para a venda ou estupro. Depois que o sistema escravocrata ruiu, minha família não foi integrada, não houve medida do que era ser pessoa, com dignidade e direitos. bell hooks traz uma definição de autoestima, num de seus livros, dada pelo psicólogo Nathaniel Branden: "A autoestima é a experiência de que estamos aptos para a vida". Vou lhe dar um exemplo de como estamos em desvantagem nessa "subida".

Em junho de 2020 fui convidada para almoçar na casa de um francês de 88 anos. Ele me mostrou a propriedade, que pertencia à família desde 1850. Em determinado momento, me disse: "Essa cerâmica foi minha avó quem pintou e esse quadro ela bordou em

1898". Emocionei-me, pois me dei conta de que nesse período, no Brasil, os meus ainda viviam a escravidão. Ele é, praticamente, um homem livre desde sempre; e eu, somente há três gerações. Sua avó pintava cerâmicas, bordava, tocava piano; a minha era serva em uma fazenda. Você tem noção do que isso significa? Ainda estamos elaborando os traumas da escravidão e o anfitrião da casa é artista plástico, músico e empresário. E olha que me sinto privilegiada, sou a primeira doutora de toda a família. Muitos dos nossos ficaram pelo caminho, muitos dos nossos ainda lutam contra a fome. Você vê a nossa desvantagem em relação à branquitude e à burguesia? Como ousa me pedir para descer se já estamos atrasados em relação a eles?

Meu querido, sinto muito pelos desencontros. Eu estou apta para a vida depois de 520 anos de exploração do meu povo. Estou atrasada para essa sociedade, eu sei, eu sei. O capitalismo nunca me esperou quando precisei andar mais devagar ou parar para cuidar das minhas feridas, pelo contrário, ele tem me lançado nas margens do rio enquanto segue seu curso devorando o que encontra pelo caminho. Mas eu estou apta, não para ele, mas para a vida. Numa altura dessas da vida, como posso descer depois de uma escalada como a que te relatei? Jamais poderia descer, por motivo algum, em hipótese nenhuma.

Não vou esperá-lo chegar onde estou, nesse lugar que você acha mais alto do que onde você chegou. Tampouco direi que nunca mais nos cruzaremos. Mas, para nos relacionarmos um dia, sou eu quem te peço para subir.

Com ternura,

Bia.

Esta obra foi composta em Arno Pro Light 13 para a
Editora Malê e impressa na Renovagraf em janeiro de 2025.